心理学エレメンタルズ

ジョン・H・カートライト＝著
鈴木光太郎・河野和明＝訳

進化心理学入門

新曜社

アーサーとドロシーに

EVOLUTIONARY EXPLANATIONS OF HUMAN BEHAVIOUR
by John H. Cartwright

目　次

第2章　2つの性による繁殖　19

第3章　性淘汰　35

第7章 脳の大きさの進化 143

第8章　知能の進化 ―― 161

装幀＝加藤俊二

図表リスト

第１章　進化——自然淘汰と適応

◆——心理学と進化論

ダーウィンは１８５９年に『種の起源』を出版した時、この本がやがてあらゆる生命科学の新たな基礎になるだろうと確信していた。彼は、この本の終わり近くで、次のように書いている。

> 遠い将来、いまよりもはるかに重要な、いくつもの研究分野が花開いているだろう。心理学は、個々の心的な力や能力が必然の結果としてしだいに獲得されてきたのだという、新しい考え方の上に築かれるに違いない。人間の起源と歴史は、白日の下にさらされるだろう。（Darwin, 1859, p. 458)

ダーウィンは少し楽観的すぎた。というのは、アメリカではウィリアム・ジェイムズによる初期の研究があったものの、社会生物学という形で人間行動への進化的アプローチが現われて、進化心理学の素地ができあがるのは、やっと１９７０年代になってのことだからである。心理学者は、20世紀のほとんどを通じて、ダーウィンの主張に耳を傾けず、ダーウィンを無視するか誤解していた。だがいまや、多くの心理学者と生物学者が（私もそのひとりだが）、心理学はあらゆる生命科学の基礎にあるこの中心的**パラダイム**との関係をとり戻すべき時だと考えている。それは、自然淘汰と性淘汰による進化という考え方である。心理学にダーウィンの進化論から学ぶべきものがあるのかどうか、その判断は、この本を読んだ後のあなたに委ねたい。

◆自然淘汰による進化のメカニズム

アメリカの科学哲学者ダニエル・デネットは、次のように述べたことがある。「これまでにもっともすぐれた考えを出した人に私が賞を授けるとしたら、ニュートンやアインシュタインなどより先に、まずダーウィンだろう」（Dennett, 1995）。ダーウィンの考えのおそるべき重要性を理解すれば、デネットが熱心にこう言うのもうなずける。進化論がなければ、生命がなにから誕生したか、なぜ生命が存在するのか、生き物の構造と行動がその生存にどう役立っているかについて理論をもつことができない。

ダーウィンの進化論の本質的な特徴は、生き物の性質についての、次のような一連の命題に要約できる。

1　個々の動物は、その構造・生理・行動といった性質にもとづいて、**種**としてまとめられる。種は、まったくの人為的概念というわけではない。というのは、有性生殖の場合、同種のメンバーなら、互いに交配して生殖能力のある子を産むことができ、これが種の定義だからである。たとえばこの基準を用いると、すべての人間はホモ・サピエンスという同一の種に属する。

2　種や集団内には、多様性が存在する。それぞれの個体は同一ではなく、身体の点でも行動の点でも違いがある。

3　多くの身体的・行動的特性は、個体の**ゲノム**の中にある情報の表現である。ゲノムは分子の暗号の形式で情報を運ぶ**ＤＮＡ**の鎖からなる。個体は自分のＤＮＡを親から（父親・母親それぞれから50％ずつ）受け継ぎ、自分のＤＮＡをわが子へと伝える。

4　ヒトのように有性生殖をする動物種では、子どもはその親と同一にはならない。生まれる子どもでは、両親からの**遺伝子**が新たな組み合わせで混ぜ合わされるからだ。これらの遺伝子の中には、親の中でははたらいていなかったものもある。一卵性双生児という少数の例外を除けば、私たちはみな遺伝的に異なっている。さらに、遺伝子の変異が自然にランダムに生じることで、多様性が豊かになる。遺伝子はしばしば傷ついたり、**突然変異**を起こしたりして、すでにある特徴の幅を広げ、以前の世代にはなかった新しい特徴を生じさせる。ほとんどの突然変異は有害で、すべての動物には突然変異を排除するための化学的なふるい分けメカニズムが備わっている。しかし時には、これらの変化がなんらかの利益をもたらすことがある。

5 成長や繁殖のために生き物が必要とする資源には限りがある。必然的に競合が起こり、ほかの個体より少ない子どもしか残せない個体が出てくる。

6 変異の中には、資源の獲得に関してその変異の持ち主が有利になり、その結果子どもを多く残せるようにはたらくものがある。

7 より多くの子どもを残せる変異は維持され、集団の中でしだいに数が増えていく。もとの祖先との違いが相当に大きければ、新しい種が形成され、自然淘汰が進化的変化をもたらしたことになる。

8 自然淘汰の結果として、生き物は、食物の獲得、捕食者の回避、配偶者の獲得、限られた資源をめぐるライバルとの競争といった生存に不可欠なプロセスにうまく適合するという意味で、最終的にその環境と生活様式に適応するようになる。生き物は、この**適応**というプロセスを通して、その活動のために巧妙に設計されているように見える。

ここで、ヒトの身体と心についての見方を、もうひとつつけ加えよう。

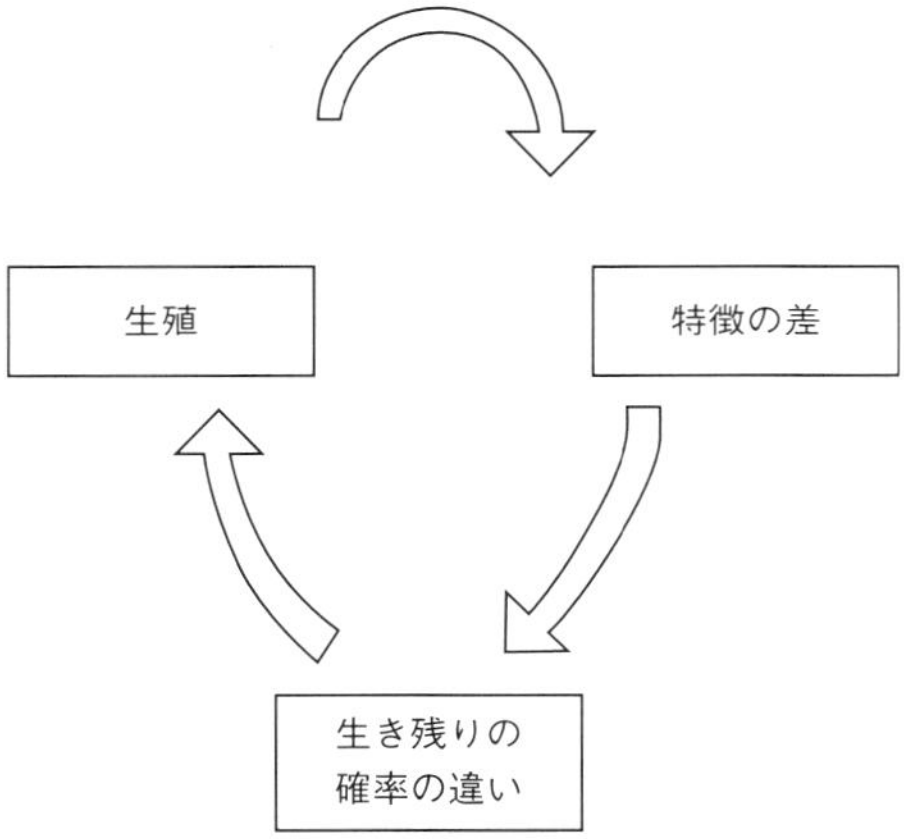

図１-１　ダーウィンの生命の輪
何千，何万世代もの個体の誕生と死が，生き残りの程度の違いを通して，漸次的な変化をもたらす。その結果，新たな種がしだいに形成され，適応が生じる。適応は進化心理学にとって鍵となる概念である。

9　ダーウィンの言う進化を通して、現在のヒトの身体と心は、私たちの祖先が生き残り繁殖するのを助けるように形作られていると考えられる。人類はこの地上に約５００万年の間存在してきたのだから、ヒトの身体と心は、この目的のためにうまく適応しているに違いない。したがって、少なくとも遺伝的な影響を受ける人間の行動は、生き残りと、最終的には繁殖がうまくいくように調整されている。

これらの考え方は、生き物の誕生と死の循環図——ダーウィンの生命の輪——として表わすことができる（図１-１）。

人間行動にダーウィンの進化論を適用するにあたって、まず**遺伝子型**と**表現型**を区別しておこう。あなたの遺伝子型は、あなたの母親と父親から受け継いだ遺伝子のセットから成っている。これらの遺伝子には、細胞が成長と増殖の機能をはたすために必要な情報が含まれている。遺伝子にしまい込まれている情報は、あなたの成長過程で過去に作用し現在も作用している環境の影響と協調して、あなたがどういう人間になるかを決定する。最終産物であるあなた自身が、表現型である。ここで重要なのは、遺伝子から表現型へと至る情報の流れが一方通行だということである。あなたの遺伝子はあなたの発達、行動、性格に影響するが、あなたは遺伝子の中の情報を変えることはできない。たとえば、もしあなたが中国語を何年か勉強したとしても、あなたの子どもが生まれながらに中国語を話せるようになるわけではないし、中国語を勉強するのがあなたより容易になるわけでもない。このことは、獲得形質は遺伝しないという原則として示されることがある。動物が成長する環境は表現型には影響するが、遺伝子の中の情報には影響しないのだ。

◆進化的適応の性質

ダーウィンの生命の輪（図1-1）がめぐることによって、その生物に繁殖適応度を最大にするような適応が起こる。**適応度**というのは、生物学的な意味で、子孫を残すことができることを指す。生物は、ほかの個体との競争の中でうまく繁殖できるように行動するだろう。そこには、正しさや目的といったものはない。単に、偶然の遺伝的変異を通して、このプロセスにおいて能力がなかったり懸命でなかったりし

図１‐２　1870年頃のチャールズ・ダーウィン
（アーネスト・エドワーズ撮影）

た個体は、死に絶えるというだけのことである。私たちはだれひとりとして生殖能力のなかった祖先の子孫ではないということは、自明のことだが、改めて指摘するに値する。

人間行動の進化を研究するにあたっての重要な問題は、行動が過去の条件に対する適応なのか、現在の条件に対する適応なのか、である。いま研究しているある行動**特性**は、長期間にわたるなんらかの適応的な目的のために形成されてきたのかもしれない。環境が変化してしまって、行動特性の**適応的意味**がいまはまったく不明ということもある。実際、現在では適応的に見えないものもある。たとえばヒトの赤ちゃんは、生まれた時には強い把握反射を備えており、差し出した指でもなんでもぎゅっと握る。これは、母親の柔毛をつかむのが落下の危険を減らすのに役立った時代の名残りかもしれない。現代の文化の中でこれが新生児に役立っているのかどうかは、よくわからない。

もちろん、この問題はほかの動物にもあてはまる。ヤマアラシが車がやってくるのに丸まって球になったら、それはもはや捕食者の脅威に対する適切な反応ではない。ヒトは自分たちの環境を1万年以上にわたって劇的に変化させてきたから、問題はとりわけ深刻だ。私たちはいま、現在のヒトゲノムができあがった時代にはまったく存在しなかったような状況や問題に、日々直面している。走ったり、戦ったり、ものを投げたり、ライバルを値踏みしたり、同盟関係を結んだり、配偶相手を探して誘惑したり、子どもを作ったりといったことには適応しているが、読書したり、車を運転したり、テニスをしたり、心理学を勉強したり、時差ぼけに対処したりといったことにとくに適応しているわけではない。論理的に言っても、現在私たちがもっているあらゆる**適応性**は、間違いなく過去の産物なのだ。したがって、ここで問題になるのは、ヒトの心が、２００万年前から4万年前の間の**進化的適応環境**（environment of our evolutionary adaptation: EEA）の中にあった問題にとくに対処するために形作られているのか、あるいは、現代の世界においても依然として自分の繁殖成功度を増大させる行動を起こさせるだけの柔軟性をもっているのか、ということである。

よい例が、食べ物の好みである。ヒト、とくに子どもは、カロリーが高い、塩辛くて脂っこい食べ物と砂糖に強く惹かれる。おそらく、旧石器時代（およそ20万年～1万年前）にしっかり適応した味蕾を、そのままいまも受け継いでいるのである。当時はそういった食物は希少だったから、それらを口にした時に得られる強い快感は、それらをもっと探し出すように動機づける有効な手段だった。このような味覚は、塩分・脂肪分・糖分が多いファストフードが安く手に入り、動脈硬化や虫歯といった健康を害する結果をもたらす現代の先進国の環境では、適応というにはほど遠い。

こうした見方には明らかにある程度の真実があるが、注意してほしいのは、自然淘汰は局地的な環境に応じて、発達と学習がどのように起こるかを決定することもできるということである。もしそうなら、行動を古い時代の環境用に設計された「配線済みの」心的道具というカテゴリーに無理矢理押し込む必要はない。自然淘汰は、現代の条件の下で**適応度**を高めるために行動するよう、私たちの心を作り上げているのかもしれない。しかし、サイモンズは、この考えを批判している（Symons, 1992）。彼はもし現代の男性が本当に適応度を最大にするように行動したなら、「精子バンクに自分の精子を預ける機会をめぐってすさまじい競争になり、精子バンクの男性職員がほかの男性の精子を自分のとすり替えるということも起こりうる」（Symons, 1992, p.155）と書いている。

もちろん答えは、自然淘汰は、適応度を増大させるなどという漠然とした動機を私たちに与えはしなかった、ということだ。遺伝子は、無意識的な衝動――この衝動は意識よりも先にできあがっていたに違いない――によって適応度を最大にするようにした。心拍と同様、それは意識的なコントロールに任せるにはあまりに重要すぎる。その代わり、男性にも女性にも、強力な性的欲求が与えられている。男性が適応度を最大にする**戦略**をとっているかどうかを見きわめる方法としては、精子バンクに並ぶ行列の長さを測ってもあまり意味がないだろう。むしろ、パートナーが何人いてセックスの回数が何回かを数えるほうが、ずっとよい。もし男性が精子バンクに精子を預ける方法をもっと自然なやり方にすれば（つまり、セックスして預けるようにすれば）、おそらく行列はずっと長くなるだろう。

◆なぜリンゴは甘いか――心理学的説明における究極要因と至近要因

「なぜリンゴは甘いか?」という問いと、それに対するいくつかの答えを考えてみよう。生化学者なら、果糖やショ糖の糖分子の形状が、舌にある味蕾の受容細胞の反応を引き起こすからだと言うだろう。神経生物学者（脳を化学と生化学の観点から研究している人）なら、その神経経路と、甘さの感覚が経験される時に活性化する脳の部位を特定して、この答えをさらに補足するだろう。どちらも説明としては部分的であり、なぜヒトはリンゴを甘く感じるのに、ほかの多くの動物（ネコとか）はおそらくそうは感じないのかを説明できない。生化学者と神経生物学者の説明は、**至近的**説明であり、至近的なメカニズムを明らかにしている。ここで至近というのは、近いこと、直接的であることを意味する。たとえば、心臓発作の至近要因は、心筋に流入する血流が減ってしまうことだ。この究極要因は、栄養不足やストレス、あるいは生まれもった遺伝的異常であるかもしれない。甘さの**究極的**説明――**機能的**説明とも呼ばれることがあり、心理学の学生を混乱させるもとになっている――をするためには、私たちはさらに掘り下げて、進化心理学に頼る必要がある。進化論的に、すなわち究極要因の点から説明すると、次のようになる。ヒトがリンゴを味わう際に甘く快い感覚を経験するのは、リンゴがミネラルやビタミンCといった必須栄養素を含んでいるからである。私たちの遠い祖先にとって、食べて快い経験をすることが、そうした食物を食べるという動機づけの刺激となった。つまり、こうしてリンゴやほかの果実を食べるようになった私たちの祖先は生き残ったが、それらを食べなかった祖先は死に絶えた。この議論は少しばかり空論に聞こえるかもしれないが、自然淘汰と**性淘汰**のロジックをつかむには、この点をぜひとも理解する必要がある。そうすれば、なぜネコがリンゴをそれほど好きでないのかもわかる。ネコはビタミンCを自分で生産できるので、結果的に、果物を食べても利点がない。

　私たちの味蕾の回路やほかの神経経路を形成する遺伝子は、必須栄養素を確実に得ることで生き残ろうとしているのではない、という点の理解が重要である。つまり、あるやり方で行動するようにし向ける遺伝子が生き残り、ほかの遺伝子は消え去るだけであって、全体としてどこかに向かっているわけではない。メカニズムという用語を解釈する際にも、注意が必要である。進化心理学では、メカニズムという用語は、あるタイプの行動を促進する一連の神経回路や心的傾向などを表わす簡略表現として用いられている。しかし、行動が単に機械的《メカニカル》だとか、「組み込まれている」不変のものだとか考えてはいけない。組み込み方式はアリには適しているだろうが、高等哺乳類においては、進化は組み込み方式をとっくに放棄している。私たちの生は複雑すぎ、経験から多くのことを学ぶ必要があるので、固定化した行動パターンは不適切であり、生き残るという課題を解決できない。私たちは証拠を吟味し、複数の選択肢を評価し、どう行動するかを決める必要があり、これにはすべて、ある種巧妙な認知が必要だ。にもかかわらず、進化は、生き残りと繁殖という生物学的な要請にもとづいて私たちの脳を作り上げ、私たちに特定のタイプの意思決定をさせ、特定の食物や人間に魅力を感じさせるようにした。私たちの心は相当洗練されたものではあるが、それでも、行為と行動と思考を構築する（アメリカの進化学者、デイヴィッド・バラシュの表現を借りると）「内なるつぶやき」が、いまもある。

　多くの人が受け入れがたく思う、ダーウィンの進化論が意味しているおそるべきことのひとつは、自然界には究極的な目的も設計も運命も存在しないということだ。自然淘汰は生命を特定の目的や目標に駆り立てはしない。たとえ、そのことを不安に思う私たちのような知的生命を作り出すことができても。

◆――ケース・スタディ――インセスト回避

至近要因による説明と**究極要因**による（機能的）説明との違いをもっとも的確にまた明確に示す例は、

インセスト回避のメカニズムを説明するウェスターマーク効果である。ほとんどの社会において近親相姦は忌避されるか、違法とされている。自分の姉妹や母親と性交渉をもつ男性は、きわめて少数である。娘に対する父親の性的虐待はこれに比べれば多いが、血縁関係にない者どうしの異性間性交渉に比べればかなり少ない。この事実に関して、２つの説明が考えられる。ひとつは、近親者どうしには密かに近親相姦の願望があるが、それが起こらないように文化が厳しいタブーを課している、というものである。もうひとつは、ヒトには、近親者に対して性的魅力を感じさせなくする、なんらかのメカニズムが遺伝的に備わっている、というものだ。

　このうち最初の説明は、ジークムント・フロイトに由来する。フロイト理論によると、人々は生まれながらに近親相姦の願望をもっている。近親相姦が実際にはあまり見られないのは、ひとつにはその願望が「抑圧」されているからであり、ひとつには（おそらく、その社会のメンバーの健康上の利益のために）、社会が厳しいタブーを課しているからである。近親相姦の衝動が抑圧されており、観察が難しいとすると、当然、そうした衝動があるという考えに反論するのは困難になる。この考え方にはもうひとつ難点がある。フロイトは基本的に、進化が近親相姦（以下で見ていくように、それは生まれる子どもの健康に明らかに害をおよぼす）を抑制するメカニズムを生み出さなかったどころか、どういうわけかそれに対する積極的な嗜好を生み出したと示唆していることになる。

　もうひとつの説明は、１８９１年にフィンランドの人類学者、エドワード・ウェスターマークが提唱したものだ。ウェスターマークの議論のロジックを理解するには、20世紀の遺伝学の知識が役に立つ。近親者と配偶した人間は、遺伝的な異常をもった子を産む確率が高くなるが、その理由は、私たちはみなある特性に関する遺伝子を一対もっていて、ひとつは母親から、ひとつは父親から受け継いでいることにある。私たちはみな、欠陥のある遺伝子も少しもっている。たとえば、白人の25人あたりにおよそひとりが、発現すると**嚢胞性線維症**を発症する欠陥型の遺伝子（「劣性**対立遺伝子**」と呼ばれることがある）をもっている。さいわい、この遺伝子をもつ人の大多数は対のもう一方の遺伝子が優性の遺伝子なので、嚢胞性線維症になることはまれである。しかし、単純に計算すると、２人の嚢胞性線維症の**保因者**が出会う確率は1/25 × 1/25なので、６２５分の１になる。保因者の間に子どもができた場合、その子のもつ対立遺伝子が両方とも欠陥遺伝子である確率、すなわち嚢胞性線維症が発症する確率は、４分の１である。これは単なる計算ではなく現実にそうであり、白人の子どもの２５００人にひとり（1/625 × 1/4）は嚢胞性線維症をもって生まれる。

　自然淘汰によって嚢胞性線維症は排除されてきたはずだとも考えられるが、単純計算によれば、もし保因者（発症していない人）が保因者でない人よりもほんの２・３％生存率が高ければ、この有害な遺伝子が**遺伝子プール**に残り続けてしまう（第６章の「遺伝的基盤をもつ病の適応価」の節を参照）。

　嚢胞性線維症の遺伝子の保因者である（本人たちはそれを知らない）両親をもつ２人の子ども——男の子と女の子——のことを考えてみよう。それぞれの子どもが、両親から劣性遺伝子の２つのコピーを受け継いで嚢胞性線維症になる確率は４分の１であり、２つの優性遺伝子を受け継いで正常に発育する確率は４分の１、彼らの両親のように保因者になる確率は２分の１である。このうちもっとも確率が高いのは、彼らが2人とも保因者になる場合である。もし、この兄妹が互いに性的に魅力を感じ、セックスをし、子どもができたとしたら、その子どもが嚢胞性線維症を発症する確率はまたもや4分の1である。これはそれ自体できわめてハイリスクである。嚢胞性線維症は、数ある遺伝子異常の中のひとつにすぎない。同じ対立遺伝子が2つそろうと致死的であるような劣性遺伝子を、私たちはだれもが3個から5個はもっていると推定されている。このように、現代遺伝学では、近親者間のセックスがなぜ生まれる子に悪い影響をもたらすかを説明できる。

あなたにきょうだい（兄弟や姉妹）がいるなら、彼らとセックスするという考えは嫌悪感をもよおさせる、ばかげたことだと思うに違いない。しかし、なぜそう思うのだろうか？ これは説明の必要がある。ここでウェスターマークの説の出番だ。私たちは、自分と同じ劣性遺伝子をもっている異性とセックスすることは、遺伝的に見て問題を招くことを知っているが、彼らがそういう遺伝子を実際にもっているかどうかを知るのは難しい。しかし私たちは、赤の他人よりも、きょうだいのほうが同じ欠陥をもっている可能性がはるかに高いことを知っている。というのは、単純に、ほとんどの遺伝的欠陥は両親から受け継がれるからである。ウェスターマークは、きょうだいどうしがセックスすることがないのは、発達期にきょうだいに性的魅力を感じなくなるからだと指摘した。ウェスターマークは、相手が血縁であるか否かを判断する際に、人間は単純な（無意識的）ルールを使っていると論じた。もし子ども時代に一緒に育った人とのセックスを避けるなら、近親者とのセックスも避けることになる。フロイトは、ウェスターマークの仮説はエディプス・コンプレックスの考えに反するばかげたものとみなし、否定しようとした。フロイトは、エディプス・コンプレックスを精神分析の枠組み全体の核をなすものと考えていた。

ウェスターマークの仮説を支持する証拠のひとつが、イスラエルのキブツで得られている。キブツでは、血縁関係にない子どもたちが託児所で一緒に育てられる。それは結果として、しばしば親密な友情を作り出すが、彼らどうしが結婚することはまれである（Parker, 1976）。ウェスターマーク効果を支持するもうひとつの証拠が、スタンフォード大学のアーサー・ウルフによる、台湾の「マイナー婚」（台湾では媳婦仔《シンプア》と呼ばれている）についての研究から得られている。マイナー婚では、遺伝的に血縁関係にない女児が養女になり、その家の実の息子と一緒に育てられる。これは、結局はその女児が息子と結婚するので、息子が確実に配偶者を得られるというところに動機があると考えられる。ウルフは数千人の台湾女性の経歴を調べて、彼女たちの経験がウェスターマーク仮説を支持することを見出した。マイナー婚はほかの結婚に比べて、失敗に終わることが多かった。女性はたいてい結婚に抵抗し、離婚率がほかの結婚の3倍に達し、夫婦の間にできる子どもの数は40％も少なく、不倫が多かった。

ウェスターマーク効果を支持するさらに新しい証拠が、ベックとシルヴァーマンの研究で得られている（Bevc and Silverman, 2000）。彼らは、一緒に育ったきょうだいどうしは、幼児期に分かれて別々に育ったきょうだいどうしに比べ、思春期以降に性交する率がずっと低いことを見出した。

ウェスターマーク効果は、遺伝子と環境の間の関係を明確に物語る例である。幼年時代を共有した者とのセックスを避けよという指令は、遺伝子がそのように脳を作り上げ指示している傾向なのである。これがどのような人々に適用されるかは、社会的に決定される。インセスト・タブーの究極的説明は、**近親交**

配を避ける必要性にあるが、至近的なメカニズムは、一緒に育った異性のメンバーを性的に魅力的に感じなくなるように発達することである。過度の近親交配を避ける必要は、もちろんヒト以外の動物にもあてはまる。多くの動物種は、はるかに単純なメカニズムでこれを達成している。たとえば、子が成熟すると、親は巣のあるエリアから子を強制的に追い出す。そうすることによって、血縁個体どうしが出会う可能性が減るのである。

◆まとめ

・進化は、遺伝子の繁殖成功度の違いによって生じる。遺伝子のうち、子孫を増やすのを助ける特徴を指令する遺伝子が優先的に選択される。変化が生じるのは、遺伝子が自ら起こす突然変異によって、一定の確率で変化するからである。良い遺伝子は生き残り、悪い遺伝子は死に絶える。この変化と選り分けがたくさんの世代を通して起こり続けることによって、結果的に生き物は、環境にうまく適応し、配偶相手を見つけ子を残すという課題をうまく解決するようになる。心理学にとってこのプロセスがもつ意味は、ヒトの心が自然淘汰によって形作られてきたということである。したがって、心の多くの側面は、自然淘汰が私たちにもたらした適応を反映していると考えることができる。

・自然淘汰のメカニズムを理解するには、遺伝子型と表現型とを区別する必要がある。遺伝子型は、個体を作るのに必要な情報を運ぶ遺伝子から成る。表現型は、個体の中の遺伝子と環境との相互作用の結果である。環境要因は、遺伝子がその個体の中でどう発現するかに強く影響するが、この相互作用の結果が遺伝子型に伝えられることはない。したがって、ある個体の一生の中で獲得された性質が、その子どもに受け継がれることはない。

・人間行動の至近的説明と究極的説明とを区別することが重要である。至近的説明では、神経経路、生化学反応、ホルモンのメカニズム、脳の構造や社会的学習といった点から行動を説明する。しかし、至近的説明は、本質的に、なぜヒトがそのように作られているのかという根本的な疑問には答えない。究極的説明は、行動や心理的傾向の適応的意味や機能的意味を、そのメカニズムが私たちの祖先の生き残りにどのように利益を与えたかという点から明らかにする。進化心理学は、人間の行動について究極的な説明を試みる。

読書案内

Buss, D.（1999）. *Evolutionary Psychology*. Needham Heights, MA: Allyn & Bacon. 1章参照。大学生向けに書かれたテキスト。本書に関連する話題が随所にある。初心者にも読みやすい。

第2章　2つの性による繁殖

◆性の原則——精子、卵子と出会う

ヒトデやバクテリア、そして植物の多くは、性によらずに増殖できる。すなわち、性的なパートナーを必要としない。それらの生物集団は単純に自分のコピー——いわゆるクローン——を作り出すメスから構成される。ヒトはこうではない。進化の観点から見れば、私たちのように性によって繁殖する種の個体は、配偶相手を見つけることがなにより重要だ。遺伝子（ダーウィンは「不滅の複製子」と呼んだ）が次の世代に受け渡されるのを保証するのは、配偶行動を通してである。性的欲求は、ヒトが生きていく上できわめて強い動機であり、時には不合理で手に負えない切迫感をともなうこともある。もっとも基本的な形式では、セックスは、2つの**配偶子**――オスの配偶子（**精子**）とメスの配偶子（**卵子**）――が合体することによって成立する。

　最初に有性生殖を行なった生物は、おそらく同じサイズのオスとメスの配偶子を合体させていたが、今日生きているほとんどの種では、オスとメスの配偶子のサイズは大きく違っている。たとえばヒトの場合、卵子は直径約0・1ミリメートルだが、オスの精子の頭部は約0・005ミリメートルしかない。このことひとつとってみても、初めからオスとメスは異なる性的戦略をとっていることがわかる。メスははるかに大きな配偶子を提供するが、オスは、その配偶子を探しまわる小さくて運動性の高い精子を大量に作り出す。メスは、配偶子ひとつあたりにオスよりもはるかに大きなエネルギーを投資する。しかし、オスとメスの性行動に関係する投資と行動にはほかにも違いがあり、この投資のアンバランスは、生物学的な性的戦略の複雑なゲームのほんの始まりでしかない。ヒトの配偶行動をさらに詳しく見ていくために、まず基本的な用語のいくつかを説明しておこう。

表2-1　配偶システムの簡単な分類

システム	配偶関係とペアのきずなの特徴
単婚	
一夫一妻	単一の配偶相手とだけ交配（交尾）する。
年周期的	年ごとに違った個体間でペアのきずなが形成される。
永続的	一生を通じてペアのきずなが形成される。
複婚	一方の性が他方の性の複数の個体と交配（交尾）する。
一夫多妻	1頭のオスが何頭かのメスと配偶し，メスは1頭のオスとだけ配偶する。
同時的	オスは同時に何頭かのメスときずなをもつ。
継時的	オスは何頭かのメスと繁殖時にきずな（一時期に1頭とだけ）をもつ。
一妻多夫	1頭のメスが何頭かのオスと配偶し，オスは1頭のメスとだけ配偶する。
同時的	メスは同時に何頭かのオスときずなをもつ。
継時的	メスは何頭かのオスときずな（一時期に1頭とだけ）をもつ。

◆配偶行動の用語――システムと戦略

昔の生物学の教科書は、動物種ごとに特有の配偶システムがあるとしていた。このアプローチは時代遅れだが、そこで使われていた用語はいまも使われている。一般的な配偶システムの簡単な分類を、表2-1に示す。

では、ヒトは表2-1のどこに位置づけられるのだろうか？　これに答えるのはとても難しい。その理由のひとつは、ヒトはきわめて柔軟で、たぶんどのカテゴリーにも、それぞれ該当する例を考えつくことができるからだ。とはいえ、どのタイプの行動が男性と女性の特徴をもっともうまくとらえているかを問うことはできるだろう。西洋の国々の法律は**一夫一妻制**をとっているが、これはおそらく、私たちの祖先がとっていたシステムではない。実際、離婚率が高いことと離婚の背景にある不倫の多さは、私たちが１００パーセント一夫一妻であるよう自然に設定されているわけではないことを示唆している。しかし、この質問に答える前に、考えるべきもっと重要な問題がある。特定の動物種がある配偶システムをもつとする場合、いくつかの事実が見落とされている。

・**一夫多妻**の場合、同じ種なのに、オスとメスでは違う行動をとる。たとえばゾウアザラシの場合、オスは極端な一夫多妻で、成功したオスは１シーズンに数十頭ものメスと配偶する。一方、メスは単婚的であり、一頭のオスとだけ配偶する。

・動物種それ自体は、ひとつのまとまりとして行動するわけではない。進化にとっての素材は、個体の行動である。自然淘汰がはたらくのは個体に対してのみであり、失敗した個体を容赦なく死滅させ、よりよく適応した個体だけが次の世代に遺伝子を受け渡すことができる。行動を理解するためには、その行動が個体の繁殖の機会をどのように助け、また妨げるかを見る必要がある。

・それぞれの種においては、同じ性の中でも個体ごとに違っていて、各々が異なる戦略をとる。この違いに遺伝的基盤がある場合には、それは多型（文字通り、たくさんの形があること）と呼ばれる。たとえばヒトは、血液型やソバカスの有無のようなたくさんの性質について多型である。これと同様に、ある動物種の**遺伝子プール**の中には、ある個体に一夫一妻を目指すようにさせる遺伝子群や、別の個体に一夫多妻を目指すようにさせる遺伝子群があるかもしれない。

表2-2　4つの基本的な配偶システム

	単雄	複雄
単雌	一夫一妻	一妻多夫
複雌	一夫多妻	多夫多妻（乱婚）

生物学や進化心理学において現在認められているように、適切なアプローチは、ある時点で広く見られる条件の中で繁殖の可能性を増大するために個体がとる戦略に焦点をあてるという方法である。したがって、その動物種の個体にもっとも一般的に見られるこうした行動に、便宜上「配偶システム」という呼び名を用いてもよいだろう。

動物行動の研究者の間では、配偶を促進する社会的しくみを、個体の数と性別の点から記述する方式が好まれる。表2-2はその方式を示している。ゴリラは1頭のオスだけが「メスのハーレム」に入る一夫多妻的な集団で生活しているので、その配偶行動は単雄・複雌だと言える。チンパンジーの配偶行動は、オスもメスも複数の性的な配偶相手のいる混成集団で生活しているので、複雄・複雌として記述できる。

◆ヒトの配偶パターン

ウィリアム・ジェイムズはある物語の中で、次のような詩を紹介している。エイモス・ピンショー夫人なる女性が夢の中に出てきた短い詩を書きとめた。

ホガマス・ヒガマス

男は多妻《ポリガマス》
ヒガマス・ホガマス
女は一夫《モノガマス》

これは、ばかげた考えか、性差別か、それとも基本的に正しいのか？　男性と女性はどんな戦略をとると予想されるだろうか？　この疑問に答えるのに、まず男女間の基本的な生物学的相違をもとに、単純な予測をしてみることから始めよう。ヒトは哺乳類であり、胎生なので、子どもは生まれる前も栄養を与えられる必要がある。これは胎盤の栄養供給システムによって行なわれる。生まれてくると、栄養は母親の授乳によって与えられる。女性は育児に莫大な投資を行なうが、その大部分は男性が提供できないものである。もし、哺乳類のオスが自分の繁殖の成功度を高めようとするなら、最適な戦略は育児よりも配偶に大きな努力をつぎ込むことである。言いかえれば、一夫多妻を追求することである。メスにとって繁殖成功の鍵になるのは、受精が可能な回数ではなく、妊娠と養育用に蓄積できる資源であるから、メスはより**単婚**（あるいは一夫制、単一のオスの配偶者をもつこと）の傾向が強い。したがって、一般には、男性は一夫多妻的に行動する傾向があるのに対し、女性は単婚の傾向があるということが予想される。これは単純化しすぎていて、後で修正する必要があるのだが、ここでは少しその証拠を検討してみよう。どうすればこの予想を検証できるだろうか？　単純に質問紙調査をしたり、周囲の性的行動を観察したりすることには、問題がある。西洋文化は、一夫一妻制を堅く守るユダヤ教・キリスト教の強い影響を受けているからである。さらに、男性が多くの妻をもつ一夫多妻は、西洋では一般に違法である。したがって、現代の文化を見たとしても、自然な、あるいは生得的な衝動の表出よりも、抑制だけが観察される。そこで、より伝統的な生活様式で暮らしている人々や、キリスト教に染まっていない文化の中で生活している人々を検討するのがよいだろう。

伝統的社会あるいは前工業化社会の配偶システム

今日の工業国あるいは先進国で生活している人々は、ヒトのゲノムの基本プランができあがった時に存在した条件とはきわめて異なった条件の下で生活している。あなたや私が現在細胞の中にもっている、性的な傾向に関与する遺伝子を含むほとんどすべての遺伝子は、4万年前の旧石器時代に生きた祖先の中に存在していた。そこでもし、工業化によって私たちの習慣が変容する以前の、あるいは厳格な宗教的・政治的行動規範に縛られる以前のヒトの性行動を確認しようとするなら、より初期の生活様式の名残りをとどめていると思われる現在の文化を見てみるのがよい。または、西洋の影響からある程度隔離されていて、伝統的な生活パターンを維持している文化を見てみることもできるだろう。図2-1に、そうした文化で観察される配偶システムのパターンを示す。

図2-1を見る限りでは、一夫多妻制がかなり一般的だという印象を受ける。しかし、個々のデータをどう数えるかに問題があるので、このようなデータから完全に信頼できる結論を導くのは難しい。たとえば2つの文化が一夫多妻制をとっていることが確認できたとして、量的データとしては、ひとつとしても、

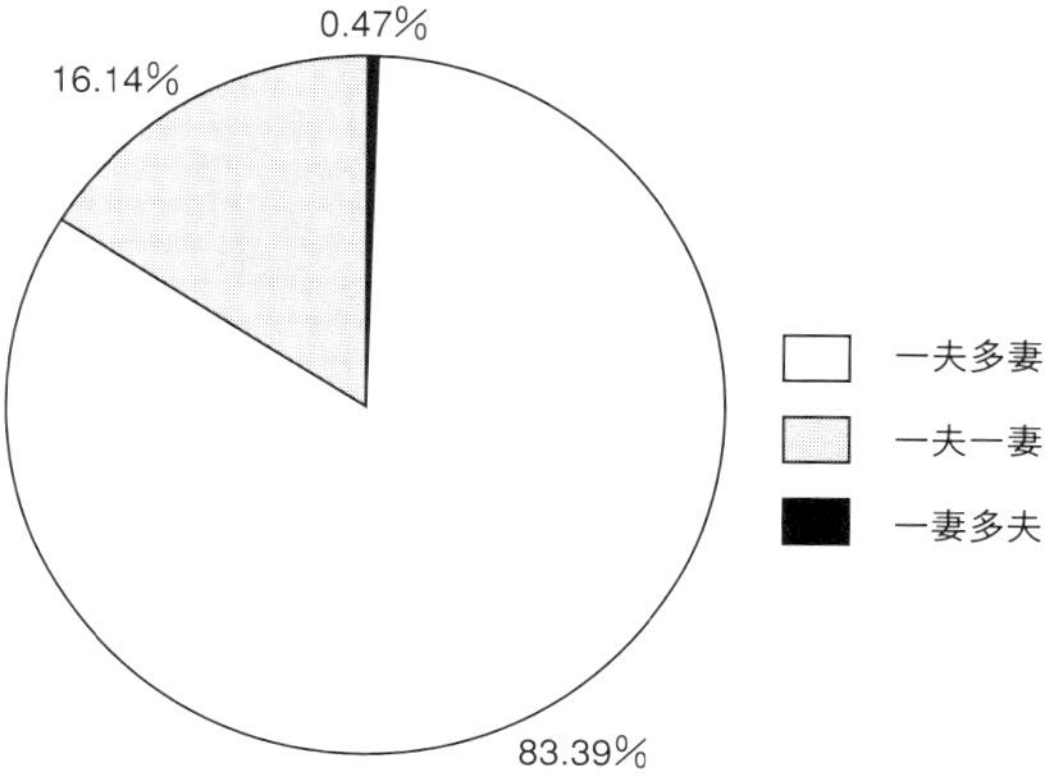

図２－１　西洋の影響を受ける以前の伝統文化におけるヒトの配偶システム

図はスミスの「ヒトの精子競争」(*Sperm Competition and the Evolution of Animal Mating System*, 1984) による。Academic Press の許可を得て転載。

2つとしても数えられる可能性がある。もし2つの文化が別々で、独立した社会進化をとげているなら2つと数えられるが、どちらの文化も一夫多妻制をとっていた祖先の文化に由来するなら、ひとつとしか数えられない。さらに、一夫多妻制というラベルは、グループ・部族・集団内では配偶行動が実際には多様であるかもしれないのに、その点を覆い隠してしまう。一夫多妻制社会においてさえ、男性全部が一夫多妻ということはありえないことはすぐわかる。すべての男性がそうするには、女性の数が足りないからだ。一夫多妻制に分類される社会では、実際にそれを行なっている男性の割合はごく限られている。とはいえ、図2-1で示した調査は、一夫一妻制が理想的だとされることが多いけれども、全世界的な規模で見れば、それがごく一般的というわけでもないことを示唆している。

狩猟採集社会

これまで見てきたように、この地球上で人類が生きてきたほとんどの時代を通じて、その生活様式は狩猟採集であった。したがって、現在もこの地球上で狩猟採集を営んでいる人々が直面する問題が、10万年前の祖先が直面していた問題と少なくともある程度は似ていると仮定しても、おかしくはない。

狩猟採集民は、植物や動物を育てないから、その場所で手に入る食料はなんでも手に入れるという生活スタイルで生活する。いくつかの研究によれば、食料供給と狩猟による肉の獲得が、狩猟採集民の配偶戦略を理解する上で重要な鍵になる。パラグアイのアチェ族に関するヒルとカプランの研究は、男性がしばしばセックスと引き替えに女性に肉を与えることを示している（Hill and Kaplan, 1988）。ボツワナのクンサン族とベネズエラのヤノマモ族についての研究も、彼らが緩やかな一夫多妻制のパターンを示すことを明らかにしている（Chagnon, 1968）。

しかし、一般に、狩猟採集生活は、極端な一夫多妻にはならない。これには少なくとも2つの理由がある。第一に、大型動物の狩猟は危険であり、協力作業と運の両方が必要だからである。（妊娠と子どもの養育に長い期間が必要だという単純な理由から）狩猟は男性が行なうが、狩猟には協力し合うことが必要であり、男性間の競争を極力抑えなくてはならない。獲物を屠殺後、肉は手伝ったもの全員に分配され、狩りがうまくいかなかったほかのグループにも分けられる。この分配には意味がある。もしある家族が得た肉を食べ切れなければ、自分たちが獲物をとれなかった時に見返りを受けるという見込みのもとに、ほかの人々に分けることが利益になる。もし、このような集団に強い一夫多妻の傾向があるとしたら、性的な競争がこの利他的行動に反するようにはたらくだろう。狩猟した食物の公平な分配が狩猟採集民の特徴であり、獲物をしとめるとそれを力ずくで奪い合うほかの社会的な動物種とまったく違うということは、重要である。

私たちの祖先の狩猟採集民が極端な一夫多妻でなかった第二の理由は、肉の貯蔵が難しかったことである。食料を狩猟採集する文化で、ひとりの男がある程度の大きさのハーレムを維持するほど十分な富や資源を蓄積できるとは考えにくい。予想されるように、高度な一夫多妻が見られるのは、ごく少数の狩猟採集社会だけだ。ほとんどの狩猟採集集団では、男性はひとりか多くて2人の妻をもつ。これはもっともな議論だが、完全とは言えない。ひとつの大きな問題は、今日の狩猟採集民は土地を所有しているのに対し、そうした土地所有は過去には典型的ではなかっただろうということである。肥沃で生産的な土地の多くは現代人によって開発されてしまい、現代の狩猟採集民は、過去とは異なる、おそらくより困難な生態的条件に直面している。

初期の文明における専制者

有史の初期の社会を検討すれば、ヒトが異なる文化的制約と状況のもとでどのように行動してきたかがわかる。有史社会という用語は通常、農耕の発明（約1万年前）以降の、書かれた記録が残っている集団のことをいう。

人間の歴史に進化論的なアプローチをアメリカで最初に用いたのは、ミルドレッド・ディックマン、ジョン・ハルトゥング、ローラ・ベツィグである。ベツィグは有史の初期の6文明――バビロニア、エジプト、インド、中国、インカ、アステカ――を検討した（Betzig, 1982, 1986）。彼女は、それらすべての文明において、権力と富がひとりの男性の支配者によって蓄積され、それらが支配者の独占的な快楽のため一団の側室を維持するのに使われたことを見出した。これら男性支配者のハーレムにはしばしば数百から数千人もの側室がおり、宦官《かんがん》によって厳重に警護され見張られており、支配者の側室と性的な関係をもった家臣には極刑が科せられた。

この現象の説明として、このようなハーレムは富の誇示の一種（誇示的消費のひとつ）、あるいは支配者に快楽を与えるたくさんの富と権力の装飾物のひとつである、と論じることもできるだろう。これらの理由はそれぞれ部分的な説明にはなるが、ハーレムの規制の特徴のいくつかは、これでは簡単には説明できない。ベツィグは、ハーレムがどのような構造によって、女性たちの出産可能性を最大にしながら、生まれる子どもたちが専制者の子であることを確実に保証するかを示している。乳児への授乳に注目すると、このしくみがよくわかる。授乳している期間は、女性は**排卵**しない。これ自体は、女性が多数の子どもや妊娠によって負担が重くなりすぎて自分と子どもを危険にさらさないようにするためのすぐれた進化のしくみである。ここで注目に値するのは、そのようなハーレムの多くが乳母を用意し、ハーレムの女性が子どもを産んだ後、すぐに排卵が再開できるようにしていたことである。

地位や富と性の間のこの関係は、歴史の中にいくらでも見られる。古代の暴君から今日の民主主義国家の大統領にいたるまで、男が十分に富と権力をもつようになった時には、多くの妻や側室をもつか、あるいは一夫多妻が法律で禁止されている文化なら不倫を行なうことによって、一夫多妻をなしとげようとする。

極端な一夫多妻がなぜなくなってしまったのか、正確な理由はわからない。マット・リドリーは、ハーレムという極端な一夫多妻は狩猟採集の終わりと民主主義の広まりとの過渡期を示しているのかもしれないと論じている（Ridley, 1993）。狩猟採集民のハーレムは、先にあげた理由で維持するのが難しかった。しかし、新石器革命によって、少数者が権力と富を蓄積し、階層的支配エリートが登場するようになると、権力と富の蓄積が物理的にも政治的にも実行できるようになった。やがて、民主主義が広まると支配階級の権力が弱まり、より微妙な手段による婚外交渉が行なわれるようになる。

右に述べたような専制者の行動は、男性が自分の繁殖成功を高めるように地位を利用するということを示している。男性は生物学的に、ひとりの女性が産むよりもたくさんの子どもの父親になる能力をもっているから、ハーレムが男性のためにあったというのも驚くにあたらない。女性の支配者が、若い男性や「ツバメ」からなるハーレムを構えた例は知られていない。このように、性行動は文化と生物的特質の産物である。かつては、いくつかの文化がハーレムの形成を可能にし、男性の性的な特質がそうしたハーレムに生物学的な合理性を与えていた。

女性の視点

配偶を男性の視点だけから検討することには慎重でなければならない。女性には女性の繁殖的利害があり、男性の成功に対して単に受け身になっているわけではない。一夫多妻では、たくさんの配偶者を得る男性もいれば全然得ることができない男性もいることを考えると、女性は残った男性の中のひとりと配偶できるのに、どうして一夫多妻を受け入れるのだろうか？　そのような意思決定を行なう場合、女性はコストと利益の点から判断を下している。まだ配偶相手のいない男性と比べ、すでに相手のいる男性と配偶するコストは、一夫多妻の男性によって提供される資源をほかの女性と分け合わなければならず、より一般的には、ほかの女性と競争する必要があるということである。（たぶん強さや知性や他者の忠誠を得る能力の結果として）たくさんの妻を獲得するに十分なほど成功している富裕な男性の能力には、少なくともなんらかの遺伝的基盤があるだろうから、この場合の女性の側の利益は、優良な遺伝子を集めることができることである。そのような男性を選んだ女性が産む男の子は、父親の遺伝子を受け継ぐだろう。もしその子たちも成功すれば、その女性の子孫の数も増える。もうひとつの利益は、その女性が、ほかの女性にも分配されることを埋め合わせて余りある上質の資源を得ることができることである。それは自分の子どもが生き残る可能性を高める。アメリカの外交官だったヘンリー・キッシンジャーが言ったとされる次のことばが教訓的だ。「権力は最高の媚薬である」。

ヒト以外の動物では、１シーズンあるいは一生の間に複数のオスと交尾するメスの例は多い。しかし、真の一妻多夫——1頭のメスと複数のオスの間に長期にわたる性的関係があり、性役割が逆転していて、オスが育児の責任をになうような形態——は、ごくまれである。一見して、一妻多夫はオスにとってもメスにとっても損であるように見える。メスの視点からすると、1頭のオスの精子はメスの卵子すべてを受精させるのに十分なのに、なぜ複数のオスとあえて配偶するのだろうか？　オスの視点からすると、さらに悪い。自分の子どもでない子を育てるオスは、自分の遺伝子を残すということに関して時間を無駄に使っていることになる。

すでに述べたように、文化人類学的な調査によると、ほとんどの人間社会はほぼ一夫多妻ないし一夫一妻であり、一妻多夫の人間社会はきわめてまれである。一妻多夫でもっともよく調べられている例は、チベットのトレバ族で、2人の兄弟がひとりの妻を共有することがある。この変わったしくみのひとつの理由は、生きる上で家族という単位が最小サイズとならざるを得ないような過酷な環境の中で、家族の土地所有が分割されるのを避けるための手段となっていることである。また、この地方の税制も、資産の分配を妨げるようにはたらいている。しかし、これは単純に一夫多妻の逆ではない。男性は女性よりも社会的に優位で、弟は自分独自の妻をめとることを望んでおり、そしてほとんどの社会と同様、トレバ族の男たちは妻にめとられるのではなくて、妻をめとる（Crook and Crook, 1988）。さらに、トレバの家族に娘たちはいるが息子がいない場合には、一夫多妻が行なわれ、娘たちはひとりの夫を共有し、その家族の財産は娘たちに相続される。

安定した一妻多夫がまれだという事実は、それが控えめな形でも起こらないということを意味しているわけではない。女性の視点からすれば、巧妙な戦略のひとつは、裕福で成功しており、子どもの世話をする男性と配偶しておき、同時に不倫によって優良な遺伝子を探すことだ。これはずいぶん醒めた見方に聞こえるかもしれないが、次のような2つのことを思い起こしてほしい。第一に、このプロセス全体は、実際には意識レベルで明らかでないという点である。不倫の時、颯爽としていて身体的魅力がある知的な男性に惹かれる女性は、その男性の遺伝子が自分の遺伝子と組み合わさると有利になるなどと考えているわけではない。第二に、自然淘汰は道徳的なプロセスではないということだ。それは生き残って繁殖するための方法を私たちにもたらしたが、その中には、いまでは倫理的に問題があるように思えるものもある。

この章では、男女の配偶戦略の違いを、現存する部族社会の検討、有史以来の社会に見られるパターン、そして男女間の生物学的な違いにもとづく予測の3点から検討してきた。ヒトの性行動をさらに詳しく知るには、性淘汰の力を検討する必要があり、次章ではその問題をとりあげよう。

まとめ

・ヒトの性に進化の点からアプローチすることは、祖先の男女がとっていた、そして現代の男女がとっている配偶戦略を理解するのに役立つ。ヒトはおもに狩猟採集を営む集団として現在の状態に進化した。こういう集団についての研究が、ヒトという種に典型的な配偶行動がどのようなものかを明らかにするのに役立つ。

・表面的には、動物の配偶行動は、一夫一妻、一夫多妻、一妻多夫といった、種に特有の配偶システムとして記述できる。しかし、自分の繁殖成功を最大にしようとする際に個体がとる戦略を見ることで、いっそう深い理解が得られる。

・女性が男性の繁殖成功の鍵を握っているという点で、ヒトは多くの哺乳類と似ている。古代の専制君主や皇帝のためだけに作られた巨大なハーレムは、ある条件の下では、男性は、機に乗じて極端な一夫多妻を達成するように行動できることを示している。

読書案内

Betzig, L.（ed.）（1997）. *Human Nature: A Critical Reader*. Oxford: Oxford University Press. ヒトの性に関する多数の原論文と原著者による回想的な論評が収められた本。

Cartwright, J.（2000）. *Evolution and Human Behaviour*. London: Macmillan. 大学生向けに書かれている。とくに4章が本書に関係している。

Potts, M. and Short, R.（1999）. *Ever Since Adam and Eve: The Evolution of Human Sexuality*. Cambridge, UK: Cambridge University Press. 美しい図版の豊富な本。人間味あふれる書き方をしている。

第3章　性淘汰

◆自然淘汰と性淘汰を比較する

動物は、ライバルと競争し、食べ物を探し、捕食者を避け、配偶相手を見つけなければならない。ダーウィンの考えた自然淘汰とは、動物がこうした通常のプロセスをうまくやれる身体的・行動的特徴を備えるようになる、ということである。したがって、生き物のほとんどの特徴には、生存競争の中で真価を発揮するなんらかの適応的機能がある。図1‐1に関連して述べたように、何千世代もの私たちの祖先の生と死は、現在の私たちの特徴が成長と生き残りと繁殖の点で絶妙に調整されていることを保証している。自然は贅沢も無駄も許さない。では、たとえばオスのクジャクの豪華な尾羽をどう考えたらよいだろうか？　それは、速く飛ぶのにも、うまく飛ぶのにも、役立たない。ライバルと闘うのにも、捕食者に攻撃を思いとどまらせるのにも、使われない。実際、クジャクの捕食者の代表であるトラにとって、オスのクジャクを引っ張って倒すには、その尾羽に足をかけるのが一番だ。尾羽は、確かに大きすぎて生活をする上では邪魔のように見え、それだけ足手まといなら、とうの昔に自然淘汰によって排除されているに違いない。クジャクの尾羽だけがそうなのではない。多くの動物種は、片方の性（通常はオス）が明らかな機能をもたない（もしくは邪魔になる）多彩な装飾をもつという特徴があるのに対し、もう一方の性は、メスのクジャクのように、ずっと合理的な姿形をしている。一見、そういった特徴は、動物の身体的特徴や行動を説明する自然淘汰の力に、疑いをはさむように見える。

　このようにオスとメスがなんらかの身体的特徴において異なることを、**性的二型**という。動物の世界では、さまざまな程度の性的二型が見られる。ヒトは中程度の性的二型だ。平均的には、男性は女性よりも背が高くてたくましく、顔面の毛が濃い。これらの性差の中には、基本的に自然淘汰によるものもある。オスとメスは違う食物資源を利用し、哺乳類のメスは一般に子どもの世話をオスよりも多く行なう。祖先の男たちが狩りをし、女たちは家に残って子どもを育てていたとすれば（かなり単純化した図式だが）、背の高さとたくましさは女性よりも男性に利益をもたらしただろう。しかし、自然淘汰の原理をいかに巧妙に用いても、クジャクの尾羽の驚くべきみごとさは説明できない。

この一見矛盾と思えることに答えを出したのは、ダーウィンその人だった。彼は『人間の由来』（１８７１）という著書の中で、現在も（改訂されて）受け入れられている説明を行なった。ダーウィンは、自然淘汰の力が性淘汰の力によって補完されているに違いないということに気づいた。すなわち、動物は、自分を異性のメンバーに対して魅力的にするような特徴、あるいは配偶相手に接近する上で同性メンバーとの競争に有利になるような特徴を備えている。本質的に、オスのクジャクの尾羽は、メスを喜ばせるために形成されてきたのだ。なぜかはまだはっきりわかっていないが、メスのクジャクはきれいな尾羽をもったオスに興奮する。自然淘汰と性淘汰は、どのようにして生物の特徴が進化してきたかを示そうとする進化論の考え方（「適応論的パラダイム」と呼ばれることがある）の２本の柱を構成している。

ダーウィンは、『人間の由来』第２版（１８７４）の中で、図３-１に示す絵を用いた。長くて飾り立てた尾羽をもっているほうがオスである。ダーウィンは、尾羽がこのように発達したのはメスを喜ばせるためであり、配偶相手を獲得するのに役立つと考えた。

◆性間淘汰と性内淘汰

２つのタイプの性淘汰を明確に区別しておく必要がある。それは「内」と「間」の区別である。複婚が標準的であるような種でさえ、性比（オス対メスの数）は通常１対１に近いままである。つまり、集団内

図３-１　ハチドリの一種，ラケットハチドリに見られる性淘汰
ダーウィンはこの絵を『人間の由来』第２版（1874）の中で使用した。オスは長くて飾り立てた尾羽をもっているほうである。ダーウィンは，尾羽がこのように発達したのはメスを喜ばせるためであり，オスが配偶相手を獲得するのに役立つと考えた。

のオスとメスはほぼ同数である。したがって、一夫多妻の傾向がある場合には、メスをめぐって、必然的にオスどうしの間で競争が起きる。これは、もしオスがそれぞれ複数のメスと配偶してほかのオスを排除しようとすると、全部のオスに行き渡るだけのメスがいなくなるからである。これが**性内淘汰**を生じさせる（「内」はオスの中やメスの中という意味）。性内競争はふつうは配偶に先立って起こるが、**精子競争**（以下で説明する）のような場合には、交尾後に起こる。他方、メスが子どもに大きな投資を行なう種や、1シーズンか生涯に少数の子しか育てることができない多くの種の場合には、メスは適切な選択を確実に行なわなくてはならない。おそらくそうしたメスの関心を引こうとして騒ぐオスの数が底をつくことはないだろうが、メスにとって間違った選択をする結果は、だめならほかの相手を探せばよいだけのオスに比べ、はるかに重大だ。こういう条件にあるメスは、選り好みをして自分が最良のオスと思う相手を選ぶことができる。これが**性間淘汰**を生じさせる（「間」というのはオスとメスの間という意味）。

性内淘汰と性間淘汰という区別は、自然界に見られる奇妙な性的活動のいくつかを理解する助けになる。発情期にあるオスのシカどうしが頭突きをして枝角を絡ませる（メスはそれを見物している）のは、性内淘汰の一例である。つまり、オスはたくさんのメスを妊娠させるという報償のために、ほかのオスと争うのである。クジャクのオスが、つつましくはるかに地味な色のメスの前でかん高く鳴いてディスプレイするのは、性間淘汰の一例である。つまり、メスはもっとも精巧で印象的な尾羽をもったオスを選ぶのだ。次に、これらの概念が、ヒトの性行動の理解にどう役に立つかを考えてみよう。

◆ 親による投資

ごくおおざっぱに言えば、配偶相手を選ぶ際にどの程度選り好みするかは、オスとメスがどの程度労力を注ぎ投資するかに関係している。子どもの世話をしないオスのクロライチョウは、メスのクロライチョウに似ているものであればなんにでも交尾しようとする。しかし、メスのクロライチョウは、産卵と孵化に関して全面的に受精の結果を引き受けるので、配偶者選びにはずっと慎重であり、自分の前でディスプレイをするオスの中からもっともふさわしいと思えるオスを選択する。ヒトでは、男性も女性も身体の美しさに対する感覚を高度に発達させており、この美的感覚は母親としての投資も父親としての投資もかなり大きいことと関係している。投資が多くなればなるほど、配偶者を慎重に選ぶことがより重要になる。つまり、下手な選択（たとえば、不妊や不健康な者を選ぶ）をさせてしまう遺伝子は、遺伝子プールから排除される運命にある。この意思決定がすべて、性間淘汰の淘汰圧となる。もし、一方の性による投資が大きく、それが性間淘汰の淘汰圧となっているなら、投資がないもう一方の性の個体間には、投資の大部分を行なう性への接近をめぐって競争が起きる。１９７２年にロバート・トリヴァースは、この考え方を**親による投資**という概念として定式化した。

トリヴァースのこの概念は、性淘汰と配偶行動の関係を考える上で一貫した有望な方法を約束するもののように思われた。そして実際ある程度はその通りだった。少ない投資しかしないほうの性は多くの投資をするほうの性をめぐって競争するのに対し、多くの投資をするほうの性は不適切な配偶相手を選んでしまうと失うものがずっと多いので、配偶相手の選択にはうるさくなる。トリヴァースは、親による投資を次のように定義した。

> 親による、一個体の子どもへの投資であり、ほかの子どもに投資する可能性と引き替えに、その子どもの生き残り（そして繁殖成功）の確率を高めるあらゆるものをいう。（Trivers, 1972）

この定義を用いて、トリヴァースは、最適あるいは理想的な子どもの数は、それぞれの親ごとに異なると結論した。哺乳類の多くでは、投資の少ないオスのほうが1匹のメスの産める子の数よりも潜在的に多くの子を作る可能性をもっている。したがって、オスは交尾の回数を増やすことで、自分の繁殖成功を高めることができる。これに対して、メスは量よりも質をとるに違いない。

この論理は明快だが、実際には「子どもの生き残り率」や「子育てのコスト」の増大といったものを測定するのは困難だ。したがって、どちらの性のほうがより多く投資しているかを決めるのは、必ずしも簡単ではない。こういった難点を回避する上で、潜在的繁殖率という概念が役に立つ。

◆潜在的繁殖率――ヒトとほかの動物

クラットン＝ブロックとヴィンセントは、動物の配偶行動を理解する上で有益な方法は、配偶の労力や親の投資を測定しようとするのではなく、オスとメスの潜在的な子ども生産率に焦点をあてることだと示唆した（Clutton-Brock and Vincent, 1991）。この考え方では、オスとメスのうち「繁殖上の鍵」を握る性を見きわめることが重要になる。この考えをヒトの配偶行動にあてはめると、前述のように男性と女性では潜在的繁殖率に大きな差があるということがわかる。おそらくハーレムは古代文明では一般的であったが、女帝が精力絶倫男たちや「ツバメ」たちを囲っていたという記録はない。生物学的に見て、これはなにを意味するのだろうか？

記録によると、ひとりの親から生まれた子どもの最多記録は男性で８８８人、女性では69人だとされている。この男性は、モロッコ皇帝イスマイール残忍王（１６４２‐１７２７）で、この女性は、27回妊娠し、双子と三つ子をたくさん産んだロシアの女性である。ほとんどの人はイスマイールの記録より、このロシア女性の記録に驚く。

８８８という数は、ほとんどの父親に比べれば途方もない数ではあっても、不可能ではないように見える。イスマイールは82歳で死んだので、少なくとも55年間の生殖期間を謳歌したことになる。この期間を通じて、彼は側室と１日１回か２回セックスしたのだろう。しかし、イスマイールについて言われているこの記録に、最近ロンドン大学ユニヴァーシティ・カレッジのドロシー・エイノンは疑義を唱えた(Einon, 1998)。エイノンは、イスマイールのハーレムの女性たちが妊娠する可能性を数学的に分析し、８８８人の子どもは誇張された数字だと結論づけた。多くの女性たちと接して子どもを作ろうとする男性にとって困ることは、彼女たちの排卵の時期がわからないことだ。排卵は次の月経前の14日から18日の間に起こるということは、１９２０年になるまでわからなかった。それ以前には、男性はセックスによって子どもができることを知っていたが、セックスをいつするのがもっとも効果的かを知らなかった。エイノンは、女性の生殖器内部では精子は３・５日しか生きないため、潜在的受精期間を１か月あたり３・５日だとした。その後、イスマイールの名誉は、グールドによってある程度回復された(Gould, 2000)。グールドはエイノンの分析の間違いを指摘した。たとえばイスマイールは約82歳まで現役であって、エイノンが考えたように55年ではないし、精子は３・５日ではなく6日生き続ける。グールドは、もし、イスマイールが62年にわたって１日平均１・２回のセックスを維持していたら、８８８人の子どもの父親になれたと結論づけた。くたくたになりそうだが、可能性の範囲内ではある。

もちろん、男性は排卵が起こっていることが意識下でわかり、うまく生殖努力の狙いを定めている可能性もある。男性は射精ごとに2億8千万の精子を作り出す(もしすべてが有効なら、米国の全女性を妊娠させるに十分である)が、ほとんどは卵子に出会えずに無駄になる。明らかな問題は、なぜ女性は排卵を隠すように進化したのかということだ。もし女性がチンパンジーのようであれば、性器が赤く隆起しはっきり臭うから、排卵期がだれにもわかり、ヒトの社会生活はまったく違ったものになるだろう。ヒトの性

$$\text{操作的性比} = \frac{\text{妊娠可能なメス}}{\text{性的に活動しているオス}}$$

のこの特徴もまた、行動が種の利益のためではなく、個体に役立つように設計されていることを示している。排卵の隠蔽はいまだに進化生物学の謎だが、隠蔽しなかった場合よりも、男性からより多くの世話と注意を引き出せるという、女性の側の戦術として進化してきた可能性があると考えられている。

また、歴史的にほとんどの男性は皇帝であったわけではなく、イスマイールやそのたぐいの人物が享受したハーレムは、私たちの進化の過去における通常の姿ではないことにも注意しよう。しかしおそらく、ホモ・サピエンスでは、生殖を制約する要因はほぼ女性の側にあると言ってよいだろう。このことだけからも、男性間にはある程度の競争があることが予測でき、性内淘汰と性間淘汰の両方がヒトの心の性質を形作ってきたと考えられる。

◆操作的性比

潜在的繁殖率と**操作的性比**（上の式を参照）という2つの概念は、密接に関連している。ほとんどの哺乳類ではオスとメスの数はほぼ等しいが、すべてのオスとメスが性的に活動しているわけではないし、性比には地域的な違いもある。この考えを示すのが、操作的性比という概念である。この比率が高いと、繁殖の鍵はオスにあり、メスは獲得できるオスをめぐってほか

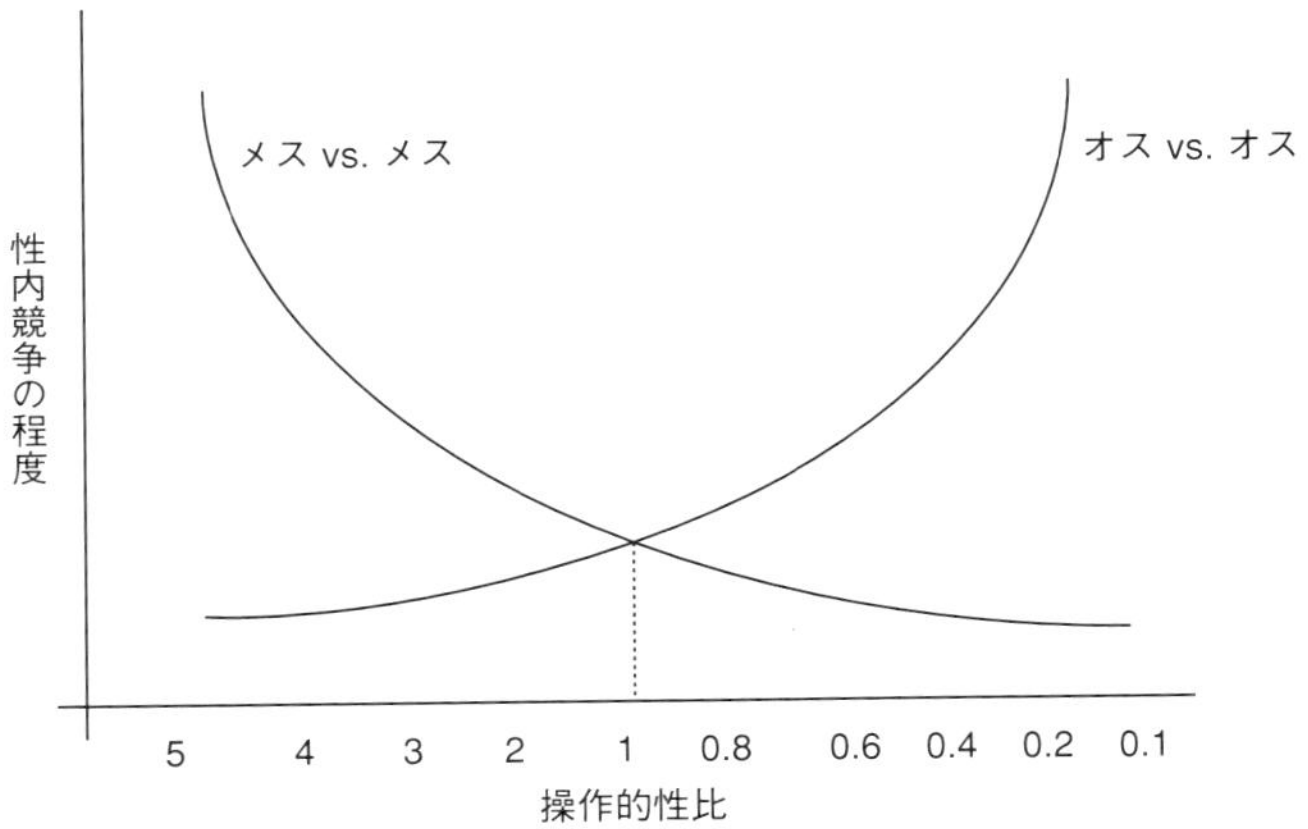

図3‐2　性内競争と操作的性比（Kvarnemo and Ahnesjo, 1996 より）

のメスと競争するだろう。この比率が低いと、状況は逆になり、オスは、少ないメスと交尾するためにほかのオスと競い合うことになる（図3‐2）。

一見して、メスは、たくさんの精子を作ることのできるオスにとってつねに限られた資源であるように見える。次のような事実を考えてみよう。もしあなたが若い生殖可能な男性だったら、これを読んでいる間も、1秒間に約3000という驚異的スピードで精子を生産している。もしあなたが若い生殖可能な女性だったら、生涯で排出できる卵子の数はおよそ400個にすぎない。さらに男性は、1年中毎日違う女性を妊娠させることが可能だが、この同じ期間内で女性はたった1回妊娠できるだけである。しかし、このことは注意深く考えてみる必要がある。56日間毎日異なる56人の女性とセックスする男性と、この同じ期間56人の違う男性とセックスする女性を想定してみよう。女性は妊娠し、おそらくその年のうちにひとりの子どもを産むだろう。先にエイノンが行なった推定方法を用いると、男性が月経期間を避けた場合、女性の妊娠可能な期間内では約15%の受精率になる。女性の卵巣周期で受精可能なのは半分足らずの期間であり、この期間中であってもまったく受精しない女性もいる。そして、着床が起こるのはそのうちの約40%にすぎない。ひとりの男性が妊娠させることができると期待される女性の数はひとりである。1年を通じると、これは約6・5人になる（365/56=6.5）。女性は確かに限られた資源だが、配偶子の大きさや生産率の違いが示すほどには極端なものではない。

1対1という性比（つまり、集団内の男性の数と女性の数が等しい）をもつ集団の操作的性比は、もし生殖可能な男性と女性という点から測定すれば、1以下になる。これは、男性が女性に比べて生殖可能な期間が長いことから起こる。それは、女性より男性の死亡率が高いことで多少は埋め合わせられるが、全部とはいかない。しかし、若者の比率が多い成長しつつある集団の場合には、状況は複雑になる。こうした状況では、女性は若干年上の男性と結婚するのを好む傾向にあるので、年齢が少し上の結婚可能な男性より多くの若い女性がいることになる。すなわち、結婚可能な男性の世代は、それより年齢が下の結婚可能な女性の世代より人数が少ない。ガッテンタークとセコードは、これ自体が社会的慣行の変化を生む要因のひとつだと論じた（Guttentag and Secord, 1983）。１９６５年から７０年代にかけて米国では、戦後のベビーブームのせいで、少しだけ年齢が上の男性に対して女性が供給過剰になった。これは、男性間の競争を減らし、女性間の競争を増やすという結果をもたらした。そのため男性は、自分たちの繁殖戦略――この場合にはパートナーの数を増やす――をとりやすくなったが、女性のほうはそれがしにくくなった。ガッテンタークらは、このことが、ここ数十年の自由な性的慣行――離婚率が高く、親の投資が少

図3-3　ウィリアム・ホガース『放蕩者一代記』の一部
この絵は，若い放蕩者（道徳にルーズな男）が売春宿を訪れたところが描かれている。売春は世界でもっとも古い職業といわれる。大多数の売春では女性が男性からお金を受けとってセックスをするという事実は，進化論的な観点から理解可能だ。なぜなら，女性は男性にとって限られた資源だからだ。必然的に，男性は限定された資源の供給を高める方法を探すようになる。

なく、性に関する態度が寛大であるという特徴がある――に役割をはたしているとした。彼らは、性比それ自体はそういった社会的変化の十分な原因とは言えないにしても、影響を与える要因のひとつだということを強調している。

　このような主張を証拠づけるのは、実際にはきわめて難しい。第二次世界大戦後、西洋では富が増大し、さらに避妊薬ができるというような、もっと根本的な変化があった。第一次世界大戦後、大量の戦死者によって性比が女性に傾いた時の、フランス、イギリス、ドイツの社会的価値観の変化についての興味深い研究もある。しかしここでもまた、婦人参政権、女性の経済的状況の変化など、ほかの変化も起こっていた。おそらく、性比の考え方を現実に適用できるのは、社会的な価値観がさほど急速に変化しない伝統文化の分析においてだろう。南アメリカには、異なった性比をもつ2つのインディオの先住民集団がいる。ハイウィ族は男性が余っているが、アチェ族は女性対男性の性比が約1・5である（Hill and Hurtado, 1996）。2つの集団は生態学的に似ているが、アチェ族は婚外交渉が一般的で結婚は不安定であるのに対し、ハイウィ族では結婚生活はずっと安定している。このパターンは、性比が配偶戦略におよぼすと考えられる効果から予測されるものである。

しかし、ほとんどの文化において、男性は競争的なディスプレイ戦術を用い、女性に比べて危険を冒そうとする。セックスに対してお金を払うのも男性であり、これは限定された資源の供給を増やす、ひとつの方法である（図3-3）。

◆性淘汰の結果

自然淘汰が、食料を見つけ捕食者を避け病気に対抗できる身体と脳をもつ人間を残してきたように、性淘汰も、私たちの身体と性的性質に影響を与えてきた。それゆえ、性淘汰の基本的な考え方を知れば、人間のことを調べて、どのようなタイプの性行動パターンがヒトの特徴かを予測することができる。

身体の大きさの性的二型

ダーウィンによれば、性内淘汰は、武器、防衛器官、身体の大きさと形態の性差、ライバルを脅したり阻止したりするための手段（図3-4）といった、さまざまな特殊な適応の進化を起こりやすくする。身体の大きさが重要であることは、多くのアザラシの種がよく示している。繁殖期の間、キタゾウアザラシのオスは、互いに突進して頭突き合戦を行なう。このような闘争は、身体の大きさの強い淘汰圧になり、その結果オスはメスよりも何倍も大きくなった。キタゾウアザラシは実際、あらゆる動物の中で**性的二型**がもっとも極端な動物のひとつだ。平均的に、オスはメスの3倍の体重がある。これらのアザラシの配偶システムはメスを防衛するタイプの一夫多妻であり、オスは、メスのハーレムの中に入るために、そしていったんハーレムを自分のものにしたらその地位を死守するために、身体を大きくする必要がある。この激しい競争の結果、多くのオスは成体になる前に子孫を残すことなく死ぬ。

ヒトはさまざまな形質について**性的二型**を示す。たとえば、男性は女性よりも上半身の力が強く、ヒゲや体毛が多い。また声が太く、性成熟が遅く、幼児死亡率が高い。脂肪の分布パターンも両者では異なっている。女性は男性よりも尻と腰回りに脂肪がつく傾向にある。もちろん、これらは平均的な傾向の違いである。これらの多くは性淘汰の結果であると思われる。

ヒトの幼児が長い養育期間を必要とするということは、女性が資源を提供する男性の能力に敏感になるようにしただろう。さらに、女性がそれぞれの子どもに大量の投資を行なうということは、失敗すると

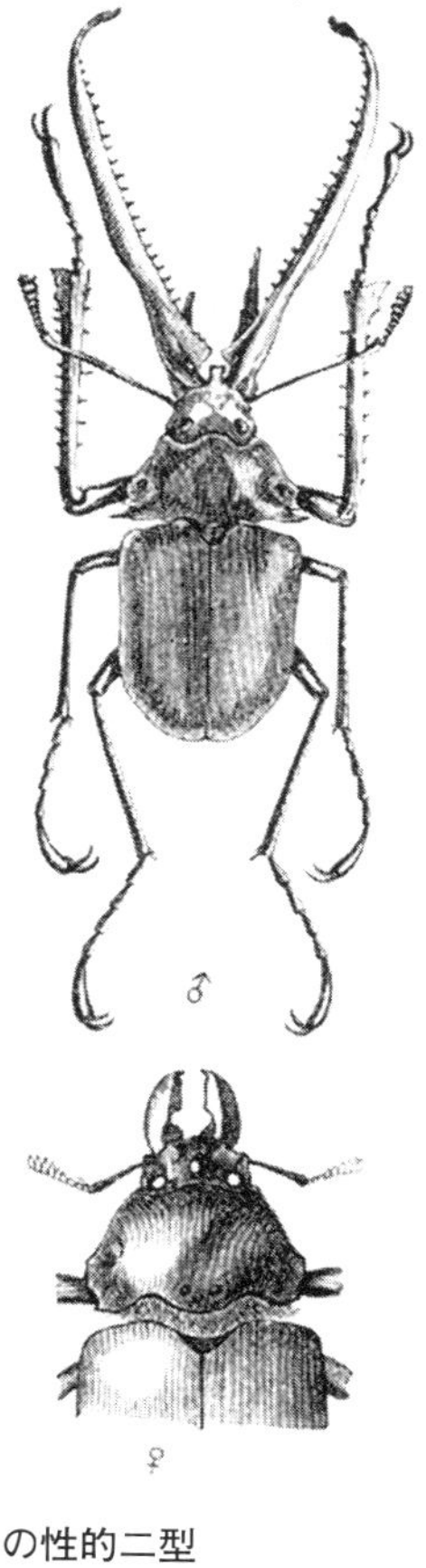

図３－４　クワガタムシの性的二型

オスは長く突き出た大顎をもっており，これでほかのオスと闘ったり威嚇したりする。図の下側に描かれているメスはこうした特徴を備えていない。ダーウィンは，この器官が闘争のために淘汰されたが，それにしてはその目的にとって大き過ぎるように見えると結論づけ，「これはさらに装飾品の役目をはたしているのではないかという疑念が私の胸をよぎった」と記している。図は『人間の由来』（1874）による。

（繁殖できそうにない、虚弱で病気がちな子どもを産む）高くつくということである。旧石器時代の女性は、2人か3人の子どもしかうまくおとなに育てられなかったと推定されている。したがって女性は、遺伝的に適応力があって健康だというサインを示し、かつ資源を提供できる男性を探すようになっただろう。これら2つの属性、遺伝的資質と富は、その女性の子どもが人生で有利なスタートラインに着くことを保証した。

男性と女性が潜在的な配偶者の遺伝的適応度を査定する方法のひとつとして、ありうるのは、容姿の**対称性**を利用することだ。ここでの論理は、対称性が、意図的にとりつくろうことも生理的に達成することも難しいので、信号として正直だということである。**寄生虫**の侵入によっても環境のストレスに対する弱さによっても、生物の対称性は損なわれる。もっとも適応したゲノムだけが、個体の身体を対称に作り上げることができる。ヒトが配偶相手の魅力を評価する際に、対称性に敏感だという証拠は、第4章で紹介する顔の魅力についての研究に由来する。

性の熱狂

オスを助けるもうひとつの生理的特徴は、「性の熱狂」、すなわち性的刺激によって容易に興奮することである。予想されるように、多くの一夫多妻の種のオスは性的覚醒の閾値が低い。カエルのいくつかの種のオスは、繁殖期になると、メスのカエルに似ていればどんなものにでもしがみつく。時には、オスや違う種のカエルに対して交尾しようとすることさえある。オスの性衝動のもうひとつの特徴は、アメリカ大統領クーリッジにちなむ「クーリッジ効果」である。ある時、農場を訪れたクーリッジ夫妻はたくさんの雌鶏と1羽の雄鶏がいる放飼場に案内された。クーリッジ夫人が、なぜ雄鶏は1羽しか要らないのかと尋ねたところ、雄鶏は1日に何度も交尾できるからと告げられた。夫人は「大統領にいまの話をしてちょうだい」と言った。大統領は、その話を聞くと、雄鶏が交尾するのは同じ雌鶏かと尋ねた。答えはノーだった。彼は「その話をクーリッジ夫人にしてくれよ」と言った（Goodenough *et al.*, 1993）。クーリッジ効果は、多くの種で観察されている。ラットの研究で、フィッシャーは、1匹のメスと一緒にされたオスは約1時間半後には性的飽和に達するが、適切な間隔で新しいメスと一緒にすると、一部のオスでは、性的活動が8時間も持続することを見出した（Fisher, 1962）。

性交後の性内競争——精子競争

一見して、セックスが行なわれると性内競争は終わり、ひとりの男性だけが勝利するはずだと思うかもしれない。しかし、自然の世界はもっと驚きに満ちている。たくさんの男性とセックスする女性もいて、生殖器官の中には精子が残される。複数の男性の精子は女性の体内で卵子を受精させようと競争する。精子競争という概念を用いると、動物のオスとメスの身体の構造上の多くの特徴が理解できる。昆虫のオスは、メスの体内にすでにある精子を無力化したり、それにとって代わったりするためのさまざまなしくみを進化させている。たとえば、オスのイトトンボは、精子を送り込むことと、ペニスの突起の上の逆毛を使ってライバルのオスの精子を掻き出すことの、2つの目的でデザインされたペニスを進化させた。

多くの動物は、精子競争においてライバルの裏をかくためのほかの戦術も進化させた。オスのガーターヘビは、メスと交尾する時に交尾栓と呼ばれる粘着質の分泌物を残し、メスの生殖器官にしっかり封をして、ほかの求愛予備軍から閉ざしてしまう。オスのオオカミがメスと交尾する時、ペニスはとても大きくなり、射精した後でさえ受精後最長30分まで、メスの膣の中に入っている。オスとメスはこのように見るからに苦しそうにしてつながっているが、このしくみは、成功したオスの精子がライバルよりも有利になることを保証している。

この精子競争の過程でメスが受け身でいると考えてはいけない。メスは精子がいったん体内に入れば、精子を選りすぐる（Wirtz, 1997）。多くの昆虫のメスは、精子を貯蔵しておき、のちに輸卵管を降りてくる卵子を受精させる時にそれらの精子を使う。ヒトの女性の性的絶頂感の機能は、子宮頸部への精子の吸い上げを助けることにあるという示唆もある（Baker and Bellis, 1995）。ランディ・ソーンヒルらは、男性の身体の対称性は女性が性交の絶頂感を経験するかどうかの強い予測因であることを示す研究を行なった。対称性は、遺伝的な適応とすぐれた**免疫系**をもつことを示す指標と考えられている（Thornhill and Gangestad, 1994）。したがって絶頂感は、遺伝的に適応力があり病気をもっていなさそうな、刺激的で望ましい男性の精子が女性の卵子と出会う確率を高めることを保証する。このようにして、女性は、おそらく性交後にまで自分の選択を拡張している（Baker and Bellis, 1995）。

作られる精子が多ければ多いほど、少なくともそのひとつが卵子に出会う確率は高くなる。つまり、5億の精子は2・5億の精子よりも2倍効果的だ。精子競争が激しい種では、激しくない種に比べて生産あるいは射精する精子数が多いと予想される。この予想は、いろいろな動物種で、**睾丸**の大きさを測るなどして精子生産量を推定することによって、間接的に支持されている。激しい精子競争に直面している種のオスは、精子競争が顕著ではない種のオスに比べて大きな睾丸をもっている（第4章の「睾丸の大きさ」の節を参照）。

マンチェスター大学のベイカーとベリスは、男性が射精する精子数は精子競争の可能性に応じて調整されるという仮説を支持する証拠を提出している。ひとつの研究では、カップルが一定期間中ずっと一緒に過ごした場合、男性はその期間後のセックスで３８９×10^6個の精子を射精した。同じカップルがその５％の時間しか一緒にいなかった場合には、射精した精子数は７１２×10^6個であった。ベイカーとベリスはこれを、後者の場合に男性が精子数を増やすのは、もし女性が不倫をしていたならその体内に入っているかもしれないライバルの精子に対して競争で勝つようにするためだという考え方に合うものと解釈した。ベイカーとベリスは、無数の実験上の困難や倫理的問題がある研究領域で新たな仮説を作り出すことに成功した（Baker and Bellis, 1995）。彼らはまた、そのたぐいの説を熱望するメディアの助けも借りて、そして『精子戦争』（Baker, 1996）のような一般向けの本を書くことによって、自説をうまく広めることにも成功した。

射精後の性内競争の「精子戦争」において、オスはさまざまな戦術を用いる。たとえば、大量に精子を作る、ライバルの精子にとって代わる、交尾栓を入れる、ライバルの精子を探して殺す精子を作る、などなど。ベイカーとベリスは、このうち一番最後の戦術を「カミカゼ精子仮説」として展開し、ヒトを含めさまざまな動物がライバルの精子を阻止したり殺したりするようにはたらく精子を作り出すと主張した。ベイカーとベリスが用いた証拠の一部は、あらゆる射精で見られる変形精子の数である。彼らは、これら変形精子の多くがライバルのオスの精子を見つけ出して殺す役目をになっていると主張している。

ベイカーとベリスが１９８８年にこの考えを最初に発表すると、カミカゼ精子の存在をめぐって議論が巻き起こった。ある研究では、別々の男性から得られた精子を試験管の中で（すなわち、実験室条件のガラス器の中で）混ぜ、同じ男性の精子を混ぜた場合と生存能力を比較した。もしカミカゼ精子仮説が正しいなら、混ぜられた男性の精子は、ライバルどうしの精子が互いに殺し合うために、うまくはたらかなくなる徴候を示すに違いない。しかし得られた結果は、混ぜられた男性の精子は同じ男性の精子と大きな違いがなかった（Moore, Martin and Birkhead, 1999）。ハーコートは証拠を慎重に分析し、カミカゼ精子はおそらく存在せず、「哺乳類の精子の機能は受精にあり、哺乳類の精子競争は先駆け競争なのであって、蹴落とし競争ではない」と結論づけた（Harcourt, 1991, p.314）。ハーコートの結論はとくに、**一妻多夫**（すなわち1頭のメスが複数のオスと配偶する）の種の霊長類のオスが一夫一妻（1頭のオスと1頭のメス）の種の霊長類に比べて変形した（すなわち受精できない）精子をより多く生産しているわけではないという事実にもとづいている。もしカミカゼ精子仮説が正しいなら、予想されるのはこれとは逆である。しかしハーコートは、哺乳類の多くの種のオスが、精液を凝固させ交尾栓としてはたらく分泌物を付属腺から出すことは認めている。

しかし、精子競争が起きるのに先立って、女性が男性を受け入れる（あるいはその逆）という問題がある。質をコントロールするこの手続きを経ることは、ヒトの身体的特徴と行動に影響をおよぼしてきた。次にこのプロセスについて見ていこう。

優良遺伝子と正直な信号

ダーウィンにとって、なぜメスがある特徴を魅力的だと思うのかを適応の点から説明するのは、難しかった。メスのクジャクは、自分たちを喜ばせるためにオスに長い尾羽を見せびらかすようにし向けてきたとしても、しかしなぜ、機能や究極要因から言って、短い尾羽よりも長い尾羽を喜ばなければならないのだろうか？　もし、進化論が説くように、美は遺伝子の中にあるというのなら、長い尾羽や色鮮やかな尾を美しいと感じることには、遺伝的にどんな利益があるのだろうか？　もし、この問題を解くことができるなら、おそらくヒトの身体的美しさの理由もわかるだろう。この謎に対する答えは大きく２つの陣営、すなわち「よい分別」派と「よい趣味」派に分かれる（Cronin, 1991）。

「よい趣味」派は、１９３０年代にこの問題を研究した研究者、フィッシャーの考え方にもとづいている。尾の長さのようなオスの特徴について考えてみよう。メスがこの特徴を、特定の動物種のオスであることを示しているとか、適切な大きさの尾をもつほど健康であることを示しているとかいったように、妥当な進化的理由によっていったん魅力的だとみなしたとしよう。フィッシャーは、ある条件の下では暴走《ランナウェイ》効果が起こり、尾がどんどん長くなっていくと主張した。たとえば、過去のある時期に気まぐれな（すなわち機能をもたない）好みの傾向が、集団内の多数のメスに長い尾を好むようにさせたといった場合である。いったん流行が起きると、その傾向は自己増幅していく。この傾向に抵抗し短い尾のオスと配偶するメスが残す息子は、魅力に欠ける短い尾をもつだろう。この流行に乗っかったメスは、長い尾をもつ「セクシーな息子」と、長い尾を好む娘を残すだろう。全体的な結果として、長い尾を作り出すという実質的なコストがメスを引きつけるという利益を上回ってしまうまで、オスに尾を長くするという負担を強いる。この議論も、このメカニズムが作用する正確な条件も、複雑ではあるが、進化生物学者はフィッシャーの暴走過程は明らかにありうることだと考えている。このモデルによれば、配偶相手を選ぶ側の個体は、遺伝子の表現型である長い尾のような特徴を吟味することによって遺伝子セットを選択しているのだが、それらの遺伝子がよいからと言って、ほかの遺伝子もよいとは限らない。その特徴は、ある意味で、個体が魅力的と感じる恣意的な流行のアクセサリーなのだ。

「よい分別」派は、動物は、将来の配偶相手がもつ遺伝子型の質を、あらかじめその個体の発する信号にもとづいて評価していると考える。さらに、個体どうしは相手が提供できそうな資源のレベル――それ自体、その相手がもっている遺伝子の質の反映かもしれない――にもとづいても互いを評価する。この考え方は、ヒトの配偶者選択について多くのことを示唆し、性淘汰理論におけるもっとも有望な研究の方向性を示している（表3‐1）。

一夫多妻の配偶システムでは、配偶相手のいないオスがたくさんいるのに、しかも多くの種ではオスが資源や養育の点でなんの寄与もしないのに、なぜメスは1頭のオスをほかの多くのメスと共有するのだろうか？　よい分別の「優良遺伝子」がこれを説明する。メスが探しているのは、優良な遺伝子なのだ。オ

表3-1 性間競争のメカニズム

カテゴリー	メカニズム
よい趣味（フィッシャーの暴走《ランナウェイ》過程）	メスの最初の好みが自己増殖する。暴走効果は結果として，クジャクの尾羽のように，精巧でしばしば（自然淘汰から見ると）役に立たない特性を作り出す。
よい分別（優良遺伝子もしくはよい資源）	一方の性はもう一方の性からの信号を用いて，売りに出されているゲノムの品質を評価する。そのような信号とは，寄生虫に対する抵抗力や全般的な代謝効率のような望ましい特徴である。 一方の性は，もう一方の性が所有する資源とそれを自分が使える可能性を調べる。

スがそれらの遺伝子を欲しがるすべてのメスに与えるという事実は、メスにとってはどうでもよいことだ。重要なのは、メスはオスが発信する**正直な信号**によってオスの遺伝子型の品質を判定できるということなのである。この点で、身体の大きさ、身体的条件、左右の対称性、社会的地位はすべて、メスに配偶相手の能力に関する情報を伝える。同様に、女性の中には、たとえ、あてにならなくて、女たらしで、不実かもしれないと知っていたとしても、ある種の男性を性的に魅力的だと感じる人がいる。

動物の特徴が遺伝的優秀さの信号の役目をはたす場合、それにはいくつか方法がある。オスもメスも、さまざまな方法で自分の健康と生殖可能状態に関する信号を送る。ファッションの世界には、「もっているなら見せびらかせ。もっていないなら隠せ」という、昔からの原則がある。これは服装だけでなく、化粧にもあてはまる。このことから、正直な信号と不正直な信号という違いが生じる。遺伝的な弱点の信号を隠したり、ウソの宣伝をしたりすることは、**不正直な信号**である。不正直な信号は、ヒト以外の動物ではまれである。というのは、それらはすぐわかってしまうし、正直な信号が好まれることで、排除されるからである。しかし、賢い頭脳と洗練された文化をもつヒトは、自分自身に関する正直な信号を送るのにも不正直な信号を送るのにも特別に長けている。

最近現われたとくに実り多い研究は、信号コスト理論にもとづくものである。この理論によると、次にあげる条件のどちらかが満たされれば、正直な信号が出現し、受け手はこれに注目する。

・信号は、宣伝しようとする特性の質に正しく関係していなければならない。その場合、劣った個体の場合は、宣伝すると自分の質が低いことがばれてしまうので、宣伝ができなくなる。

・信号はハンディキャップでなければならない。つまり、信号の送り手にとってコストがかかる必要がある。このようにして、すぐれた資質をもった個体だけがハンディキャップを引き受けることができ、それゆえそれが宣伝になる。

アメリカの人類学者、スミスとバードは、この理論をオーストラリアのトレス海峡、メール島の人々が行なうカメ狩りに適用し、ある程度成功している。これらの人々は、ニューギニアからおよそ１６０キロ離れた堡礁《バリアリーフ》のメール島に住んでいる。彼らは、数多くの祭宴を行ない、男たちは踊りや狩りや潜水を競い合い、ボートで競争する。葬儀を含むあるタイプの祭宴では、大量のカメの肉が消費される。この肉を提供するために、カメ狩りが行なわれる。そして、次のような理由から、カメ狩りはコストのかかる正直な信号の例と考えられる。

1　狩りは、小舟で海に出て、カメの居場所を探し、銛をもってカメの背中に飛び乗るというプロセスを踏む。これは体力と俊敏さを必要とし、身の危険がある。

2　捕まえたカメは、公けの祭宴において全住民に分けられる。実際、捕った人は実質的に肉の分け前がなく、狩猟のコストを全部自分で負わなければならない。

3　祭宴の間、人々はだれが一番大きなカメをもってくるか、だれが小さなカメをもってきたり手ぶらで戻ってきたりするかに注目している。

つまり、大きなカメをもち帰って、それを共同体に贈り物として供することができる能力は、富と同様、身体的な強さと活動力を正直に宣伝している。身体的な適応力がなく手腕にも欠ける男性が、大きなカメをもち帰る可能性はほとんどない。この種の狩りが経済的な必要性というより信号であるということは、これが危険すぎて公的な祭宴の期間にしか行なわれないという事実に示されている。言いかえると、この活動は、若者が自分の長所を誇示するためのしかけとして以外、経済的な意味をほとんどもたない（Smith and Bliege Bird, 2000）。

　オスが数滴の精子以外はなにも提供しない種もいる。メスは遺伝子以外はなにも期待しないようになり、その結果、養育というアフターサービスではなく、優良遺伝子だけを選り好みするようになる。しかし、ヒトの場合、ほとんどの女性は男性にＤＮＡ以上のものを提供してくれることを期待している。それゆえ女性は、セックスの以前にも以後にも資源をどの程度提供してもらえるのかを推測する。資源は、男性の社会的・経済的状態によって、そして（それと同様に重要だが）それらを子どもの養育に振り向けようとする意志がどの程度あるかによって示される。もちろんこれは、人間社会における求婚の機能のひとつである。このような醒めた見方をすると、だれと結婚するかという問題は、男性と女性それぞれが、将来の伴侶について、性格と健康だけでなく、養育への関与と提供される資源――遺伝的資源と物質的資源――の点から「天秤にかけている」ということになる。

富がセクシーであることに疑問の余地はほとんどない。現代社会において、「パトロン」の現象はよく知られている。金持ちで権力をもつ男性は、若く魅力的な女性を自分のパートナーとして惹きつけることができる。イギリスのあるトークショーの司会者が、資産家で有名なテレビスターの若くて魅力的な妻に、「××夫人、億万長者のご主人のどこに惹かれたんでしょう？」と尋ねて大受けしたことがある。人間の結婚のこの側面は、結婚相手を求める広告の研究を紹介する時に、もう一度とりあげよう（第４章の「広告を用いた研究」の節を参照）。

◆まとめ

・性淘汰は、個体が配偶相手をめぐって競争する時に起こる。一方の性への接近をめぐって、もう一方の性の中で起こる競争は、性内淘汰と呼ばれる。性内淘汰は、大きな身体と2つの性の間の大きさの違い（**性的二型**）を生む淘汰圧を生じさせる。

・一方の性の個体どうしはまた、もう一方の性が課す要求に応えようと互いに競争する。たとえば、遺伝的適応や資源の所有や支配を示す信号を送ることを要求される。一方の性の、他方の性に対する選り好みがもたらす淘汰圧は、性間淘汰として研究されている。

・配偶競争がどのような形態をとるか（どちらの性のほうが競争し合うかなど）は、それぞれの性が行なう投資の量の違いと受精可能なオスとメスの比率に関係している。たとえば子どもに対して多大な投資をするという点で、メスが繁殖上の鍵を握る場合には、メスへの接近をめぐってオスの間で競争が起こるだろう。この条件では、メスは配偶者選択において選り好みするようになると予想される。

・精子競争は性内淘汰の特殊な例である。男性が莫大な数の精子を生産すること、そしてあるタイプの精子がほかの男性の精子を攻撃すると考えられることは、精子競争がヒトの進化におけるひとつの要因であったとする見方と一致する。

・男性も女性も、配偶相手の遺伝的価値の正直な信号に注目する。魅力的に感じる異性の特徴は、正直な信号にあたる。

読書案内

Barber, N.（1995). The evolutionary psychology of physical attractiveness: sexual selection and human morphology. *Ethology and Sociobiology* **16**: 395-424. 性淘汰に関連する男性と女性の体形の意味についての文献のすぐれた総説。

Gould, J. L. and Gould, C. G.（1989). *Sexual Selection*. New York: Scientific American. 図版も多く、読みやすい。ほとんどがヒト以外の動物に関するものだが、終わりのほうでヒトにも言及している。

Hrdy, S. B.（1999). *Mother Nature*. London: Chatto & Windus. 女性の視点から進化の意味を考察した良書。

Ridley, M.（1993). *The Red Queen*. London: Viking.（『赤の女王——性とヒトの進化』長谷川眞理子訳　翔泳社　1995）性淘汰の本質とヒトにとってのその意味を探った魅力的な本。

Short, R. and Potts, M.（1999). *Ever Since Adam and Eve: The Evolution of Human Sexuality*. Cambridge, UK: Cambridge University Press. 図版も多く、信頼がおける。ヒトの性の進化とその意味について人間味あふれる解説をしている。

第4章　人間の性を解明する

◆ほかの霊長類との比較

ヒトも含めて霊長類の身体的特徴には、その配偶行動の特質が反映されている。この章では、現在のヒトの身体的特徴から、これまでの章でふれてきた理論のいくつかを適用して、それらの特徴を作り上げてきた配偶行動を推測してみよう。この分析には、とりわけヒトの2つの特徴が適している。男女の身体の

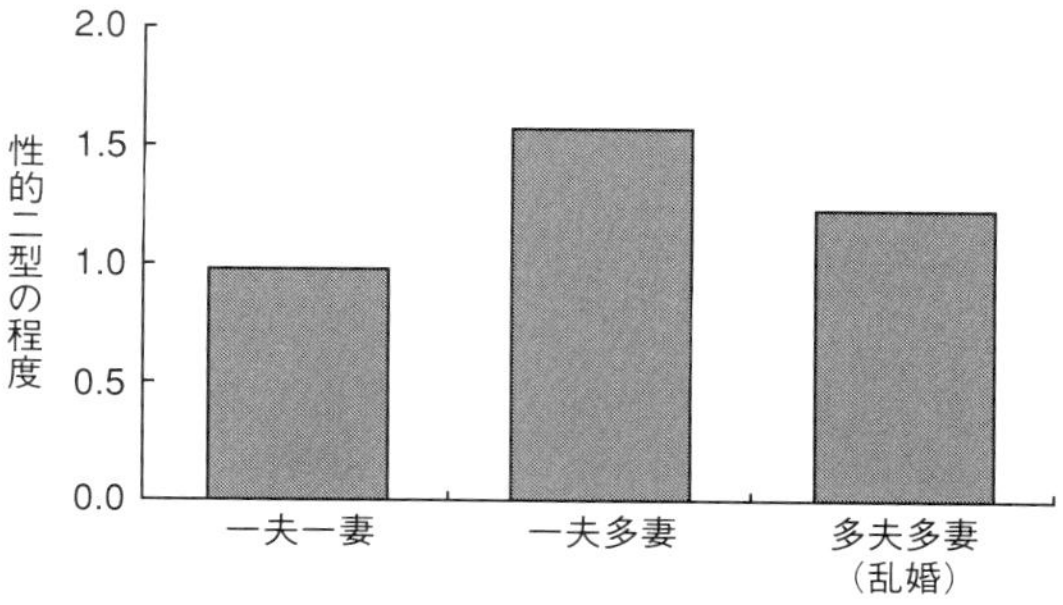

図4-1　配偶システムと身体の大きさの性的二型
（おとなのオスの体重をおとなのメスの体重で割った値）
クラットン＝ブロックとハーヴェイ「適応研究の比較アプローチ」（Krebs, J.R. and Davies, N.B., eds., *Behavioural Ecology: An Evolutionary Approach*, 2nd ed., 1984, pp. 7-29）による。Blackwell Scientific Publicationsの許可を得て転載。

大きさの違いと、男性の睾丸の大きさである。

オスとメスの身体の大きさの違い

図4-1は、霊長類の身体の大きさにおける性的二型が、配偶システムとの関連でどのように異なるかを示している。性的二型の程度は一夫一妻と一夫多妻とで大きく異なっているが、それは、一夫多妻ではメスをめぐってオスがより激しく争うからである。性的二型が複雄・複雌の集団（多くのオスとメスのいるチンパンジーのような集団）でも見られるという事実は、そういう集団では、メスをめぐる優劣の階層の中で、自分の地位を確保するためにオスの間で競争が起こるということから説明できるだろう。

睾丸の大きさ

睾丸の大きさが重要なのは、それが、その動物種の精子競争（第3章の「性の熱狂」の節を参照）の程度を示しているからである。オスは、もし自分の精子がメスの中でほかのオスの精子と競争しなければならないなら、大きな睾丸を進化させると予想される。こういった条件では、オスの精子が多ければ多いほど、そのオスが子どもの父親になることができる確率が高くなる。生物学者のＲ・Ｖ・ショートは、１９７０年代に、霊長類の睾丸の大きさの違いが精子競争の激しさの点から理解できることを示唆した。睾丸の大きさの信頼できる指標を得るには、体重を考慮しなければならない。というのは、大きな哺乳類は一般に、その体内の血液量の多さに見合った十分なテストステロンを生産する必要があるため、大きな睾丸をもっているし、メスの生殖管も大きいので射精量が多くないと濃度が薄くなってしまうからである。

　これらの影響を統制し、相対的な睾丸の大きさを割り出すと、得られる結果は、メスの生殖管の中で精子競争が起こる複雄集団では相対的に大きな睾丸が選択されたとするショートの主張が支持される。ハーレムの中の単一のオスは、複雄集団のオスほど多くの精子を生産する必要がない。なぜなら、ハーレムではメスに接近できるのは、このオスだけだからだ。この場合には、配偶相手をめぐる競争は交尾以前に起こり、その結果、ライバルの精子は脅威にならないのだ。これに対して、乱婚的な複雄集団（たとえばチンパンジー、図４‐２）では、メスは発情期に毎日何頭かのオスと交尾するので、子を多く残せるのは多くの精子を生産するオスということになる（図４‐３）。

睾丸の大きさと身体の性的二型をヒトにあてはめてみる

ジャレド・ダイアモンドは、睾丸の大きさと精子競争の理論を「現代自然人類学の大成果のひとつ」と

図4－2　おとなのオスのチンパンジー
動物学者は，チンパンジーが進化の点で私たちにもっとも近い親戚であるとしている。私たちは，約700万年前に共通の祖先からチンパンジーと別れた。写真はリンゼイ・マレー博士撮影。

言った（Diamond, 1991, p.62）。ここで、この理論をヒトにあてはめてみよう。

表4－1は、ヒト、チンパンジー、ゴリラとオランウータンの、睾丸の大きさと身体の性的二型についての主要なデータを示している。まずヒトでは、男性は女性よりやや体重が重いことに注目しよう。これは、私たちの進化的祖先がもっていた多くの特徴を反映しているだろう。過去の環境において、男性が防衛の役割を引き受けていたことを示しているのかもしれないし、あるいは男性が狩りをし女性が採集するという、食料確保の分業化の結果かもしれない。あるいは、単雄集団や複雄集団における、女性をめぐる男性の競争を反映しているのかもしれない。しかし、ゴリラと比べると、ヒトの性的二型の程度はさほどではない。

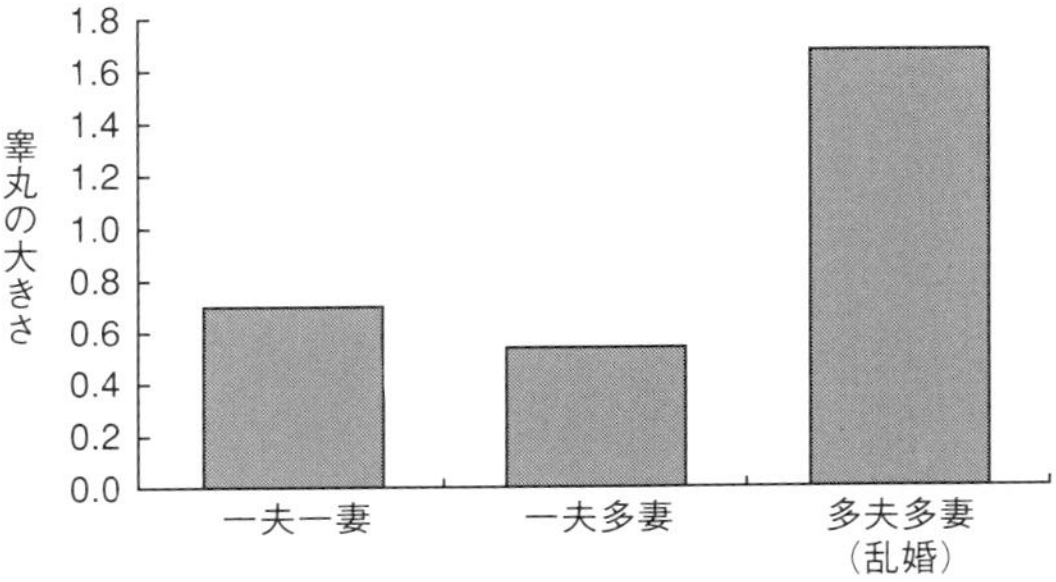

図 4 - 3　配偶システムと睾丸の大きさの比較
縦軸は，その霊長類の体重から予測される睾丸の大きさからの偏差を示す。すなわち，1 という値は，平均的な体重をもつ平均的な霊長類について予想される睾丸の大きさで，1 を超える値は予測よりも睾丸が大きい。横軸は，個々の種ではなく，多数の種を配偶システムごとにまとめたもの。一夫一妻と一夫多妻の間に統計的な差はないが，多夫多妻（乱婚）との間には差がある（Harcourt *et al*., 1981 を参照）。

このことは、現生人類が、ゴリラの特徴である単雄ハーレム型配偶システムの中で進化したのではないということを示している。もしそのような進化をしたのなら、男性はもっと身体が大きくなっていたはずだからだ。さらに、もし初期人類の男性が女性に接近するためにいつも争っていたのなら、私たちの身体の大きさの性的二型はもっと極端になっていただけでなく、睾丸がもっと小さくなっていたと予想される。ゴリラでは、身体の大きさと睾丸の大きさの比は、ヒトの平均の半分以下である。一方、初期人類が複雄集団のチンパンジーのように行動していたなら、睾丸がもっと大きいと予想される。女性は多くの男性と配偶し、このことが、競争を有利にするために男性の睾丸を大きくするだろうからである。もし男性の睾丸の相対的大きさがチンパンジーと同じだったなら、単純計算するとテニスボールくらいの大きさになる。

表 4 - 1　配偶と繁殖に関連したヒトと類人猿の身体的特徴

動物種	オスの体重(kg)	メスの体重(kg)	性的二型（オス/メス）	配偶システム	睾丸の重さ(g)	体重比でみた睾丸の重さの比率	1回の射精のおよその精子数（$\times 10^7$）
ヒト	70	63	1.1	一夫一妻（一夫多妻？）	25-50	0.04-0.08	25
チンパンジー	40	30	1.3	乱婚的な集団で複雄	120	0.3	60
オランウータン	84	38	2.2	単雄，一時的な性関係	35	0.05	7
ゴリラ	160	89	1.8	単雄の一夫多妻	30	0.02	5

Cartwright（2000）より。データはHarcourt *et al.*（1989），Foley（1989），Warner *et al.*（1974）の研究に基づく。

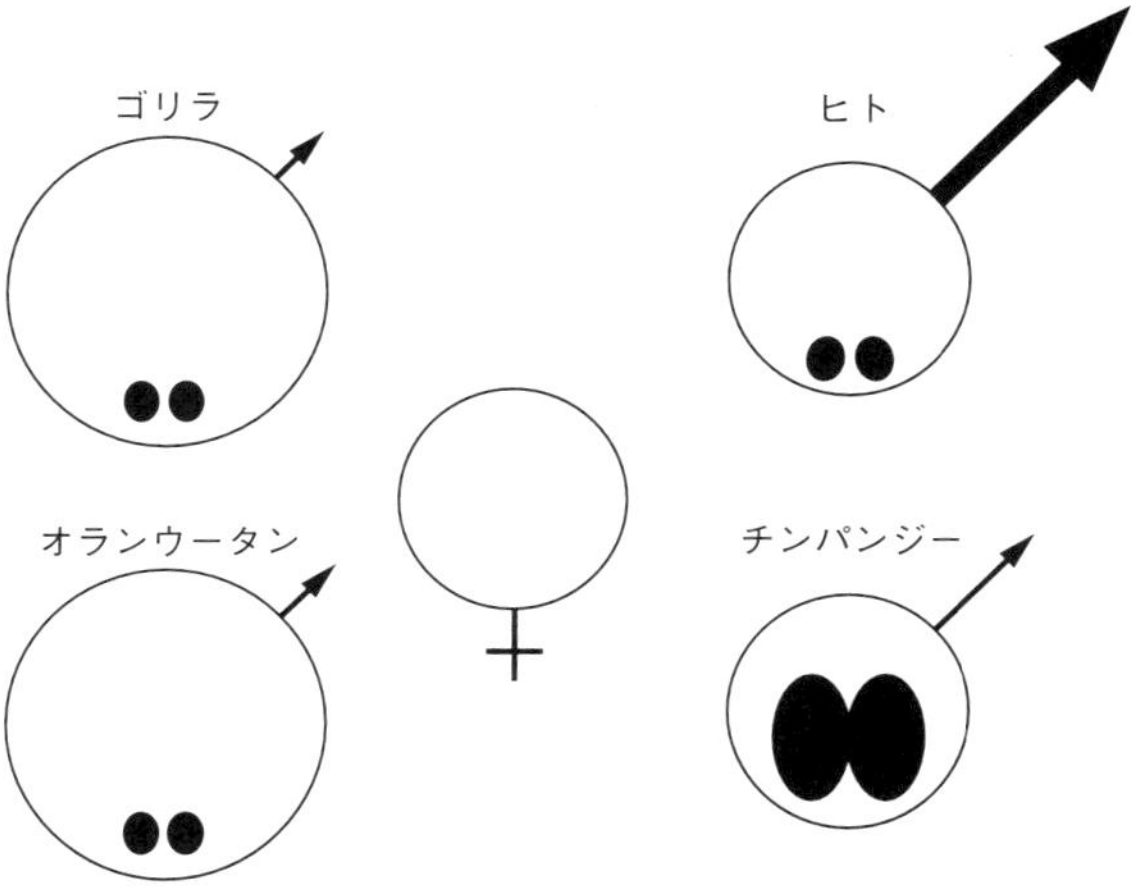

図4‐4　メスから見たオスの身体，ペニス，睾丸の大きさの種間の違い
(Short, 1994)
メスの円に対してオスの円の大きさは，それぞれの動物種の身体の大きさの性的二型の程度を示している。黒い2つの楕円が，睾丸の大きさである。十字は，発情しているメスの外性器の大きさを表わしている。矢印の長さはオスのペニスの大きさを示す。ほかの霊長類に比べてヒトのペニスがなぜ大きいのかは，謎である。

図4‐4は、表4‐1のデータをもとに、ヒト、ゴリラ、オランウータン、チンパンジーのオスの大きさを、メスとの比較で模式的に示したものである。メスの円に比べて大きな円が、その動物種の性的二型の程度を表わしている。矢印の長さと2つの黒い楕円は、オスのペニスと睾丸の相対的な大きさを示す。このオスの形態的特徴で不可解なのは、ヒトのペニスが大きいことである。もしヒトがチンパンジーのような複雄集団で進化したのでないとすると、チンパンジーのオスと比べて、男性のペニスは相対的にもっと小さいと予想される。これは、解明が待たれる謎である。

ほかの霊長類とヒトの睾丸の大きさ

を比べて、ショートは、私たちが「生得的な一夫一妻でもなく、……複雄乱婚に適応しているのでもない」と結論した。ショートによれば、「私たちは基本的には、一夫多妻的な霊長類だが、それはふつう一夫一妻の繰り返しという形で生じる」（Short, 1994, p.13）。もっと最近の証拠によると、女性は一部の男性が望むほど生来的な一夫一妻主義ではないようだ（Birkhead, 2000 を参照）。男性の睾丸が大きく多数の精子を生産するということは、精子競争が私たちの進化的祖先の特徴のひとつであったことを示唆している。「タンゴを踊るには2人要る」。そう、精子が競争するには、女性が複数の男性とセックスする必要がある。

ヒトの配偶行動については多くの謎が残されているが、自然人類学の観点から一貫して言えるのは、ヒトは一夫一妻に近いが完全な一夫一妻ではないということだろう。もし男性が十分な富を蓄え、その機会があれば、同時的にしろ継時的にしろ、一夫多妻を実行するだろう。その一方で、女性は性的にいつでも受容可能なので、これが女性と配偶者との結びつきを強めもするが、同時にまた、もし条件が許せば、ちょっとした一妻多夫も可能になる。典型的なヒトの配偶を一言で言えば、不倫に悩む表向きの一夫一妻制である。もし私たちが自分に正直であれば、ずっとそうではないかと疑ってきたこととそう違わないのだ。

男性も女性も性的関係にかなりの投資を行なうという証拠は、どちらも性的魅力に関する高度に洗練された感覚をもっているという事実である。私たちはランダムに配偶するわけではなく、相手を注意深く選んでいる。これに関連して、男性、女性のどういう特徴が魅力的かについては、強い一致が見られる。次に、配偶相手の選択と、その過程で用いられる基準について考えてみよう。

◆性的魅力と進化——予測と研究法

進化心理学は、性的魅力を繁殖適応度の点から考える。配偶の可能性のある相手の繁殖適応度を示す指標は、オスたちメスたちによって魅力的とみなされる特徴であるに違いない。この意味で、美とはうわべではない。それは、遺伝子の「眼」で見出されるものなのだ。

これまでの研究では、潜在的な配偶相手の評価に用いられる特徴の中でも、とりわけ2つの特徴において、男性と女性とで生得的に好みに違いがあることが一貫して示されている。身体的魅力と男性の地位である。男性の地位について言うと、女性は子育てに多大な投資を行ない、子どもの誕生後は両親による世話が必要なので、自分と子どもに十分な資源をもたらすことができるというサインを示す男性に惹かれる。これは、女性にとって繁殖を成功させるための最良の方法が、一生のうちに育てることのできる数人の子どもに適切な世話を確実に与えるようにすることだからである。

女性が男性資源の供給能力と地位を示すものに反応するのであれば、男性のほうは多産で子どもの世話ができるという身体能力を示す女性に惹かれるに違いない。女性の生殖期間（約12-45歳）は男性（約14-65歳）よりも短いから、望ましい配偶相手の年齢は両性で異なって評価されると予想される。男性は女性より年齢にうるさく、それゆえ女性よりも若さと多産に関係している身体的特徴をより重要だと評価するに違いない。

これらの予測は、少なくとも次の2つの種類のデータを用いて、男性と女性の好みを調べることで検証できる。

1　性的欲求についての質問紙にどう答えるか？

2　「交際相手求む」の広告を出す時、なにを重視するか？

質問紙を用いた文化比較

ヒトの性的欲求の基本的パターンを確証するために質問紙を使おうとすると、明らかに多くの問題に直面する。回答者は正直に答えないかもしれない。質問に、特定の好みをもった人が答えやすかったり答えにくかったりするというようなバイアスがあるかもしれない。そして、もっとも深刻なのは、ある文化で観察されるパターンが、ヒトの性質の普遍的な状態ではなく、文化的習慣や社会的な規範を反映したものかもしれないことである。デイヴィッド・バスはこの後者の問題をできるだけ回避するよう努めながら、アフリカ、ヨーロッパ、北アメリカ、オセアニア、南アメリカにまたがる――つまり、多様な宗教、民族、人種、経済の集団にまたがる――37の文化において、男性と女性に質問紙調査を実施した（Buss, 1989）。バスの研究は、答えに表われた配偶者の好みについての文化的多様性の影響を検討し、性的な好みを進化的な枠組みに関係づけようとした試みの中で、もっとも徹底したものである。前述の一般的考察

表4-2　さまざまな文化の配偶者選択における好ましさに関するバス（1989）の予測

予測	繁殖成功に関係する適応的意味
女性は男性よりも，配偶相手の経済力により高い価値をおく。	ある女性の産んだ子どもが生き残る可能性とその後の健康は，その女性と子どもに分配される資源によって高められる。
男性は女性よりも身体的魅力に高い価値をおく。	女性の適応度と生殖能力は男性よりも年齢の影響が強い。魅力は年齢と多産の強力な指標である。
全般的に，男性は自分よりも若い女性を好む傾向がある。	男性は女性よりも性的成熟が遅い。上記と同様。
男性は女性より貞節を重視する。	「ママは確実《ママズ・ベイビー》，パパはおそらく《ダディーズ・メイビー》」。男性にとって，自分の子でない子どもを育てることは，かつては繁殖適応を著しく損なっただろうし，それは現在も変わりない。
女性は男性より将来の配偶相手の野心とやる気を重視する。	野心とやる気は，資源を確保し保護を行なう能力と関係しており，これらの能力は女性にとって適応度を上げる。

にもとづいて、バスはいくつかの仮説を検討した（表4‐2）。

それらの仮説それぞれについて、統計的に有意な差（5％水準）のあった文化の数と、全体に占めるその割合を表4‐3に示す。

質問紙にもとづく多くの研究には、とりわけ代表的でない標本が用いられた場合、明らかに問題がある。進化心理学が多くの大学で教えられているアメリカでは、大学生は自分の性生活について尋ねるうるさい質問者にしょっちゅう悩まされるという印象を受けることがある。自分の行動や欲望に関する情報を喜んで打ち明けるタイプの人は、母集団全体の中の典型ではないだろう。また、自分の文化にとって正しくて適切だと考えられる通りにしか答えない人も

表4-3　配偶者選択における好ましさに関する仮説を支持する（あるいは支持しない）文化の数

仮説	仮説を支持する文化の数	仮説に反する (con), あるいは結果が有意でない (ns) 文化の数
女性は男性よりも経済力に高い価値をおく。	36（ 97%）	1ns（ 3%）
男性は女性よりも身体的特徴に高い価値をおく。	34（ 92%）	3ns（ 8%）
女性は男性よりも野心と勤勉さを高く評価する。	29（ 78%）	3con（ 8%） 5ns（13%）
男性は女性よりも貞節に価値をおく。	23（ 62%）	14ns（38%）
男性は自分よりも若い女性を好む。	37（100%）	0（ 0%）

Buss（1989）のデータによる。（　）は全体に対する割合。

いるかもしれない。にもかかわらず、得られた結果は進化的な予測と一致する傾向にある。

このような研究で注意すべきは、配偶相手として望ましい性質は、男性と女性とではかなり一致するということである。バスの調査では、両性とも知性、人柄、外見、そして宗教観を重要なものとしてあげた。バスの研究は、私たちの好みにどんな違いがあるかを探り出すことだった。そして、そこで見出された違いは進化論から予測されることと一致していた。

広告を用いた研究

どんな配偶相手が好まれるかについての情報を集める興味深い方法は、新聞や雑誌の「恋人募集」欄の広告を調べることである。典型的な広告を図4-5に示す。

注意してほしいのは、この広告が、広告者に関する情報だけでなく、広告者がどのような配偶相手を求めているかに関する情報も提供していることである。こういった情報の収集は、質問紙のようにうるさがられることもないし、質問を受ける人が質問者の期待に応えようとする傾向（心理学では「要求特性」としてよく知られている）の影響も受けにくい。さらにこういうデータは、それが配偶相手を得ようとする人々の実際の試みであるという点で、「真剣」なものだ。

グリーンリーズとマックグルーは、『プライヴェート・アイ』紙の恋人募集欄に載った１５９９例の広告を検討した（Greenlees and McGrew, 1994）。身体的外見と経済的保証に関する結果を図４‐６に示す。その結果は、先に述べたバスの質問紙調査の結果と一致しており、次の仮説を支持している。

1　女性は男性よりも経済的保証を求める。
2　男性は女性よりも経済的保証を申し出る。
3　女性は男性よりも自分の身体的外見を宣伝する。
4　男性は女性よりも身体的外見を求める。

> 当方，独身・男性・30歳・有職者・大卒・高身長・喫煙せず・持ち家・ユーモアのセンスあり。年下の若くてスリムな女性と結婚を前提とした交際を希望。

図４‐５　典型的な「恋人募集」広告

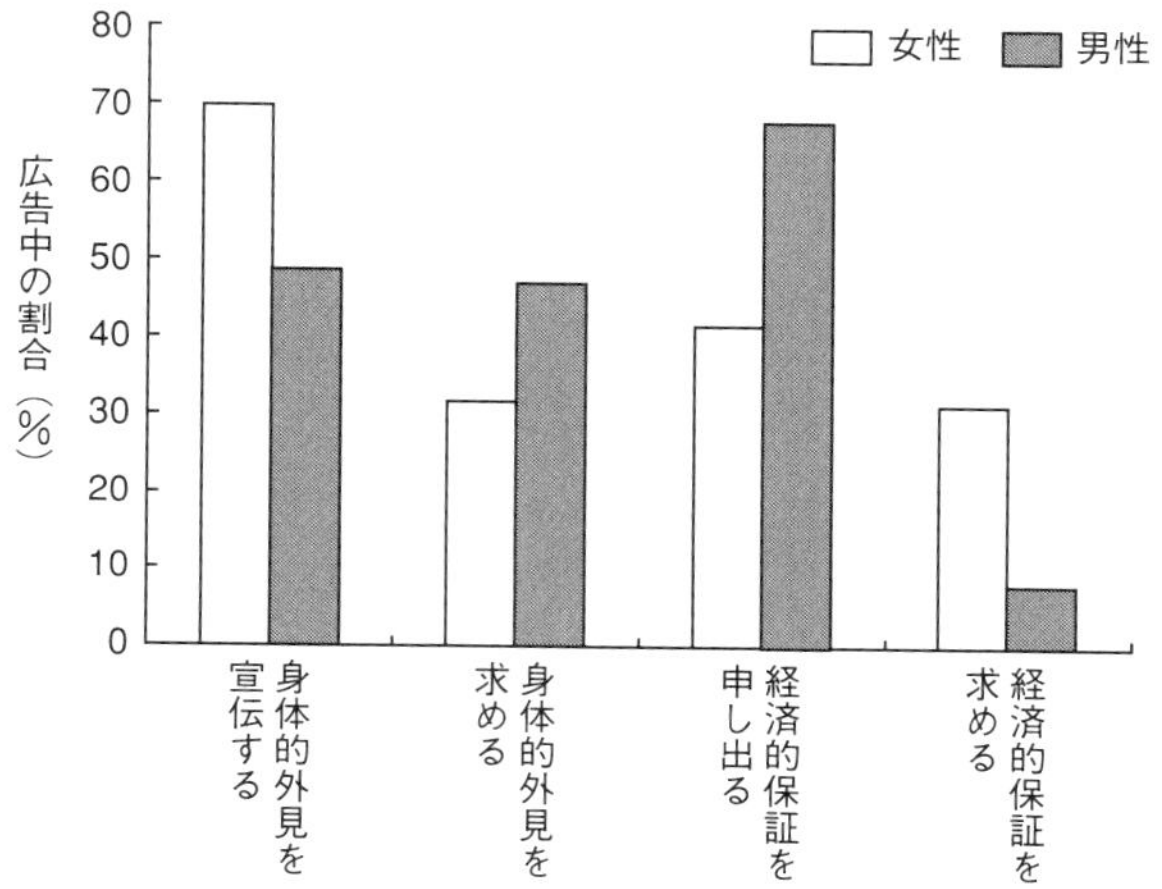

図4-6　恋人募集広告における，身体的外見と経済的保証を申し出，求める性ごとの割合

データはグリンリーズとマックグルー「配偶者の好みと戦術における性差と年齢差――広告の分析」（*Ethology and Sociobiology*, 1994, 15, 59-72）より。Elsevier Scienceの許可を得て転載。

◆顔の魅力

顔はたくさんの情報を伝える。だから、私たちが互いの顔にとても敏感なのも驚くにあたらない。アイブル＝アイベスフェルトは、男性が魅力を感じる女性の顔は、小さくて上向きの鼻、大きな目、小さな顎といった「幼児的な」特徴をもっているとしている。このような特徴は幼児特有のものであり、女性はこれらの特徴を、通常は子どもに向けられる男性の養育反応を引き出すために発達させてきたのかもしれない。事実、女性の顔は男性の脳内の知覚的バイアスを利用するように進化してきた（Eibl-Eibesfeldt, 1989）。逸話的なレベルでは、１９６０年代に「ベビーフェイス、君はとびっきりのベビーフェイス」という歌が流行ったことがあった。現代音楽の最高の到達点のひとつというわけにはいかないが、ある意味でこれは真実を伝えている。男性が魅力を感じる女性の顔のほかの特徴も、若さと多産のサインと関係していることが多い。年をとるにつれて、女性はテストステロンの量が増して、毛の成長が刺激される。明らかに男性は、毛のない女性の顔をより魅力的に感じる傾向にあり、その証拠に、女性は顔の毛を剃る。（西洋人の場合）髪の色もまた年齢とともにくすみがちであり、金髪が魅力的なのは、それが若さの信頼できるサインだからなのだろう。

　ヒトの顔は千差万別で、私たちは互いの顔にとりわけ注意を向ける。顔の形と魅力にこれほど大きな違いがあるとすると、次に検討すべき興味深い問題は、平均的な顔がどう見えるかである。ある集団内で非常に魅力的な人の数はかなり少ないから、平均的な顔は魅力的と言うにはほど遠いと予想される。極端なものはつねに、平均や最頻値からは遠く離れているものだ。19世紀にこの問題を最初に検討したのは、ダーウィンのいとこのゴールトンだった。彼は、たくさんの顔の画像を重ね合わせるという、当時発明されたばかりの写真技術を用いた。これによって得られる顔の画像は、平均がどのようなものかをおぼろげながら示す合成顔である。ところが、彼が得た結果は驚くべきものだった。平均顔はかなり魅力的に見えたのだ。

　ゴールトンの研究は、さまざまな機会に追試され、本当に魅力的な顔は完璧な平均ではないことを示す研究もあるものの、彼の研究は大筋で支持されてきた。いくつもの顔を混ぜ合わせるコンピュータ技術を用いて、ラングロイスとロッグマンは、合成顔は個々の顔よりも魅力的なだけでなく、合成に使う顔を増やせば増やすほど（上限はあるが）、合成顔が魅力的になることを見出した。たとえば32の顔から合成された顔は、２つの顔から合成された顔よりも魅力的であった（Langlois and Roggman, 1990）。サイモンズは１９７９年に、どの特性の平均もその特性についてもっとも適応的である傾向があり、分布の平均はおそらく適応問題に対する最適解であるため、平均的な特性が魅力的なものとして評価されるのだと指摘した（Symons, 1979）。

この点を理解するために、身長のアナロジーで考えてみよう。ほとんどのおとなの身長は、１５０センチと１８５センチをわずかに超えるくらいの間のどこかに落ち着く。西洋では平均身長は最近数百年でわずかに増えたが、これはなんらかの進化的な変化というより食糧事情がよくなった結果である。身長に関しては、自然淘汰がそれを安定させるような影響をおよぼしてきたと言ったほうがよいだろう。私たちはいま、約10万年前にヒトの進化が起こった生態学的条件の生存課題に対処するための、おおよそ適正な背の高さにある。もしいまより小さかったら、捕食者の脅威が増し、狩りをしたり食料を獲得する上で身体の強さが足りなかったかもしれない。もしいまより大きかったら、転んだ時の怪我がもっと深刻だったろうし、加えて、大きな身体を維持するためにもっとたくさんの食料を獲得しなければならなかっただろう。私たちの身長は、私たちが進化してきた環境にもっともよく適応していると言える。もし、これが本当なら、平均はほぼ適正であり、おそらく最適なのだろう。このことから、もし私たちが、よく適応している人々を（遺伝的な観点から）望ましいものとしてみなすように進化してきたとしたら、平均的なものは魅力的であるに違いない。

別の可能性は、平均顔が左右対称だということだ。私たちのひとりひとりは非対称的な顔をもっているが、平均するとこれらの違いがならされてしまうからである。なぜ左右対称が魅力的であると評価されるのかは、寄生虫の感染が対称性を損なわせるという点から理解できる。寄生虫感染は、今日でも一部の地域の人々にとっては依然として問題なのだから、私たちの祖先にとっては恒常的な問題であったに違いない。だから、もしあなたが、配偶相手として、寄生虫に感染しておらず、寄生虫に抵抗する免疫系を与えるゲノム（したがって、あなたのゲノムと協働するのに適したゲノム）をもった人を探しているなら、対称性はそれを推し量るのに適した基準になる。

これらの考えを実験的に検証する際に克服しなければならない問題は、平均と対称性という少なくとも2つの変数が存在することである。セント・アンドリュース大学のペレットらは、コンピュータ技術を用いて、顔の画像の対称性を変化させ、魅力がどう評定されるかを調べている。彼らは、顔の対称性が増すにつれ、魅力の評定も高くなることを見出した（Perrett *et al.*, 1999）。

性的嫉妬

シェイクスピアは、性的な嫉妬を「緑色の目をした《グリーン・アイド》怪物」にたとえた。おそらくそれは、人間が経験するもっとも激しい感情のひとつである。進化心理学は、嫉妬はそれぞれの性によって違ったように経験されるという意味で、性的二型の感情であると予測する。男性の場合、これまでとこれからの投資がほかの

表4-4　予想される男性と女性の嫉妬の違い

男性	女性
とくに肉体的な不倫に関心をはらう。自分の子でない子どもを育てるのは，遺伝的観点からすれば労力の無駄である。	精神的な不倫により関心をはらう。男性が支援と資源を提供しなくなってしまうという見通しは，女性の繁殖適応にとって大きな痛手になる。
嫉妬感情は，女性よりも，自分が子どもの父親であることを確実にする必要があるため，男性でより強く経験される。	嫉妬感情は強いものの，自分が子どもの母親だということは確実なので，その感情は男性よりも弱いと予想される。
男性は，自分が子どもの父親だということを確実にするための手段を講じ，配偶者の性行動を制限すると予想される。	

男性の子どもに「浪費」されてしまう可能性があり、嫉妬の感情はこうしたリスクに対する適応的反応なのかもしれない。これは、ヒトの性的関係の根本にある、男性の側につきまとう状況である。つまり、DNA鑑定が出現する以前には、男性は、子どもの本当の父親が100%確実に自分だと言えることはまれだった。これに対して女性は、現代の病院で名札を貼り間違えられてしまうというまれな場合を除けば、自分が子どもの母親であると断言できる。確かに、子どもを産んだということを本人にわからせないことなど、できそうにない。これにもとづいて、嫉妬が男性と女性とではどのような形や強さをとると予想されるのかを示す表を作ることができる（表4-4）。

嫉妬経験の性差を検証するために、バスらは、ミシガン大学の学生に質問紙調査を行なった（Buss *et al.*, 1992）。この質問紙は、恋人などのパートナーの肉体的なあるいは精神的な不倫によって引き起こされる苦痛の程度を評定させるものだった。結果は、男性は肉体的な不倫を、女性は精神的な不倫をより気にする、というものだった。

被験者に電極をつけて、自分のパートナーが肉体的もしくは精神的に不倫をはたらいているところを想像するようにと教示して、生理反応を測定した場合にも、同じような結果が得られた。2つの条件間の差は女性ではそう大きくなかったが、男性は一貫して、精神的な不倫に比べて肉体的な不倫のイメージに対して有意に苦痛が高まった。

どのような性行動の制限が予測されるかについては、女性の性行動を制約する目的をもつように見えるいくつかの文化的習慣を検討することによって、質的に示すことができる。代表的な例は、次のようなものである。

1　ヴェール、付き添い、隔離、拘禁

女性の身体と容貌を覆い隠し、女性が出かける際にはつねにだれかかが付き添い、外出と社会的接触の自由を制限することは、家長制社会に共通した習慣であり、これは女性がほかの男性と性的に接触するのを制限する手段とみなすことができる。ここで重要なことは、それが通常生殖可能な年齢にある女性に対して行なわれるということである。つまり、子どもや閉経後の女性は除外されている。

2　性器切除（割礼）

男性の割礼と違って、女性の性器切除には、特に女性の性的活動をそぐという目的がある。そのやり方は、部分的あるいは完全な陰核切除から性器縫合にわたる。ウガンダのサビニ族では、13‐18歳の娘が村の空き地に連れ出され、そこで陰核が除去される。アフリカでは毎日こういう方法で約６０００人の娘が性器切除され、現在アフリカで生活している６５００万人以上の女性が「割礼」を受けたと推定されている（Hosken, 1979）。この習慣はウガンダ政府を含むいくつかの政府当局から非難されているが、サビニ族の女性たちは、この習慣を禁止しようとするのは文化的干渉であるとして憤慨している。

3　社会的道徳観と法における二重基準

かなり最近まで、英国の文化は性道徳における二重基準の例に満ちていた。たとえば、ふしだらな女というレッテルは、ふしだらな男というレッテルより不名誉だった。ヴィクトリア時代の女性は、婚前交渉をすれば「身の破滅」と言われた。男性には決してそんな言い方はしなかった。むしろ、多数の女性を性的に獲得した男性は「威勢のいい若者」というように形容された。法律さえこのことを反映していた。たとえば、イギリスの法律は、この30年ほどの間に何度か改正されたが、それ以前には女性が既婚か未婚かによって不倫を規定することが多かった。男性が既婚か未婚かはふつう無視された。同様に、妻が不倫をしたら、離婚の正当な理由となった。夫が不倫した場合、離婚に至るのは比較的まれだった。さらに1973年になるまで、イギリスの男性は、自分のもとを去ろうとする妻を法律的に制止することができた。

本章で検討してきた性的嫉妬という感情は、人間の心理構造の一部であり、人生において避けて通るのが難しい。このことは、私たちが経験する感情がほとんどの人間に共通のものなのか、感情の種類は文化と育ちの産物なのか、という問題につながる。もし、感情が普遍的なものなら、たとえば、性的嫉妬があらゆる文化において潜在的にほとんどすべての人間に見られるなら、感情がどのような適応的意義をもっているかを探ることには意味があるだろう。これが、次章の話題のひとつである。

まとめ

・男性と女性の間には、身体の大きさに中程度の性的二型がある。これは、祖先が女性への接近をめぐって男性どうし競争していたことを反映している。しかし、性的二型の程度は、ゴリラの社会を特徴づけているような単雄の一夫多妻集団（すなわちハーレムのような状態）において進化した場合に予想されるよりも小さい。

・男性の睾丸の大きさをチンパンジーやゴリラのそれと比べると、私たちが「乱婚の」複雄・複雌集団として進化したのでも、極端な一夫多妻の配偶をしてきたのでもないことが示唆される。この事実は、初期人類が一夫一妻と軽度な一夫多妻の混合であったことを示している。

・男性と女性は子どもへの投資が異なり、配偶者選択に際して異なる基準を採用すると考えられる。男性は女性よりも若さと魅力に高い価値を与える。女性は男性よりも配偶相手の地位と資源に高い価値を与える。

・嫉妬の感情については、男性と女性とで違った感じ方をし、それへの反応のしかたも異なると予想される。女性は男性よりも、精神的な不倫と支援の打ち切りを心配すると予測される。男性は女性よりも肉体的な不倫を心配すると予測される。これらの予測は、実証的な証拠によってある程度支持されている。

読書案内

Betzig, L.（ed.）（1997）. *Human Nature: A Critical Reader*. Oxford: Oxford University Press. ヒトの性に関する多数のオリジナル論文と原著者による回想的な論評が収められた本。

Short, R. and Potts, M.（1999）. *Ever Since Adam and Eve: The Evolution of Human Sexuality*. Cambridge, UK: Cambridge University Press. 図版も多く、信頼がおける。ヒトの性の進化とその意味について人間味あふれる解説をしている。

第5章　心の原型——適応反応としての恐怖と不安

◆感情の普遍性
◆心の健康と心の原型
◆恐怖、不安と恐怖症
◆まとめ

◆感情の普遍性

ヒトには、さまざまな細やかな情動反応がある。私たちの経験はきわめて個人的なものだが、感情を仲間と共有できるし、その情動状態がわかる。では、しぐさや表情による感情の表出方法やそれらを認知する方法は、文化を越えて普遍的なのだろうか？　それとも文化によって決定されるのだろうか？　単純な言い方をすると、笑顔は世界中どこでも笑顔なのだろうか？　あるいは笑顔が「ぼくは怒っている」や「私は悲しい」を意味する文化があるのだろうか？　さまざまな研究から、これについては、ヒトの感情の表出形態がヒトに備わる普遍的特徴であることを示す多くの証拠がある。

感情表出と感情経験が普遍的で本能的性質をもっていることを検証するには、進化心理学者が克服しなければならない問題がいくつもある。ひとつは、自然に発達するものと、それぞれの文化に存在している感情や感情表出のイメージの影響とを分けるという問題である。この問題を克服するために、ポール・エクマンは１９６０年代に、さまざまな文化の人々に聞き取り調査とテストを行なった。彼は、さまざまな情動状態にある人の顔写真を、チリ、アルゼンチン、ブラジル、米国、日本の被験者に示し、それぞれに怒り、幸福、驚き、恐怖、悲しみ、嫌悪のラベルをつけるように求めた。その後この研究は、エクマンやそのほかの研究者によって合計21の国にまで拡張された。結果は一目瞭然だった。これらの文化には経済的な発展の程度でも宗教の点でも数多くの違いがあるにもかかわらず、幸福、悲しみ、嫌悪を示す顔について圧倒的な一致が見られたのだ（Ekman, 1973）。

エクマンは次に、同じテストをパプア・ニューギニアの南フォレの人々に実施した。その当時、これらの人々はまだ文字を知らず、石器時代の生活様式で暮らしており、世界の隅々まで行き渡った西洋文化の影響にまださらされていなかった。エクマンはことばの壁をうまく克服し、決定的な結果を得た。南フォレの人々は、それぞれの情動状態を示す顔として、それまでの21の国々の被験者と同じ表情を選んだのだ。

こうした研究にもとづいて、私たちの感情（少なくとも顔による情動表出）は、標準的な発達プログラムの一部であるとみなされるようになった。このプログラムはすべての文化で同じようにはたらくので、それが自然淘汰によって形成されてきたと仮定するのが合理的であるように思われる。いったんこれが確認できれば、感情をもちそれを表出することの適応価について、考えていくことが可能になる。

　妥当な出発点は、感情を、痛み、飢え、性的興奮のようなほかの生理反応に似た活動とみなすことだろう。そうすれば、生き物が危険を避け、成長し、子孫を残すのを確実にするために、感情がどのようにはたらくのかを考えるのが容易になる。この見方では、感情は、私たちの遺伝子が生き残るのを確実にするよう行動を調整している。ネシーとウィリアムズは、広く読まれている『病気はなぜ、あるのか』という本の中で、このことを次のように指摘している。

> 疲れを感じる能力が仕事のしすぎから守ってくれるのとちょうど同じように、悲しむ能力はそれ以上の損失を防ぐために進化してきたのかもしれない。（Nesse and Williams, 1995, p.209）

言いかえると、どうしようもない喪失に見舞われた時には諦めるのが最善であり、悲しみはその引き金になる。この洞察がないと、悲しみも抑うつも、正常な生活から、そして適応度を増大させる機会から遠ざからせるのだから、非生産的であるようにしか見えない。この2つの感情は、権力、地位、財産、あるいは親友や配偶者といった、私たちにとって価値あるものを喪失した後に起こり、いまやっていることを中断して、自分の行為についてよく考えさせ、いまとっている方略を再考させる。この意味で、抑うつは痛みに似ている。痛みは、熟していない果物を食べるのをやめさせ、スズメバチの巣を突っつくのをやめさせる。ことわざにもある通り、「穴の底にいるなら掘るのをやめろ」だ。

◆――心の健康と心の原型

進化心理学の観点から見ると、心の健康とは、適応的な感情システムが適切に機能している状態である。精神科医のアンソニー・スティーヴンスとジョン・プライスもこの考え方にもとづいて心の力学の5つの法則を提案し、ヒトの心が生得的要因と環境的要因の結果として発達することを述べている（Stevens and Price, 1996）。

1　ある行動傾向がすべての文化に見られる時はつねに、それは生得的な性質、あるいは原型が外に現われたものである。ここでいう原型とは、正常に機能しているすべての人間に共通する発達パターンのことであり、それは私たちの進化の初期に自然淘汰によって形作られたものを示している。

2　原型には、外に現われ出ようとする力が備わっている。

3　心の健康は、原型の目標を表出し、達成することである。

4　精神病理は、原型の目標が満たされないことによって生じる。

5　精神障害の症状は、適応反応が極端に誇張された形で現われたものである。

もちろん、原型と内的衝動の表出という考えは新しいものではなく、どちらもフロイトやユングが考えていたものだ。しかし、ユングは原型を神秘的な集合的無意識から解釈し、フロイトは子ども時代の原型的意志の欲求不満を過度に強調した（おまけに、彼はラマルク主義者だった）のに対し、スティーヴンスとプライスが提唱するような現代の進化精神医学は、しっかりとダーウィンの理論にもとづいている。

この「原型」ということばは、アメリカの進化心理学者であるジョン・トゥービーとレーダ・コスミデスが展開している、心の**モジュール**という考え方とも一致している。彼らは、心とは脳が行なうことだと仮定する。彼らの考えでは、脳は誕生後の経験によって構成されるのを待っている形の定まらない塊ではないし、一般的な問題解決用の「基盤実装型コンピュータ」でもない。彼らによれば、脳が一連の問題解決モジュールからなっていると解釈すると、もっともうまく説明できるという。彼らはスイス・アーミーナイフのたとえを用いている。このナイフは、開くと便利な道具が次々に現われ、それらの道具はある程度別々の用途に使われる。

けれども、このたとえをあまり真に受けすぎてはいけない。ほぼ確実に言えるのは、脳にある心のモジュールは、このたとえが示すほど独立しているわけではないということだ。たとえば、脳のある部分に損傷を受けて、特定の課題がいったんできなくなっても、それに似た課題を担当するほかの部分を使うことによって機能が回復する多数の事例が、詳細に報告されている。トゥービーとコスミデスの考え方では、これらの心的道具ないしモジュールは、進化的適応環境においてヒトが遭遇した問題を解決するため、自然淘汰によって形成されてきた。これらのモジュールのいくつかは、おそらく次のようなことをするためのメカニズムである。

・血縁者と非血縁者の認知
・ふさわしい配偶相手の選択
・言語獲得
・自分の集団とよその集団の認知
・欺きの検出

これらのメカニズムは、進化の期間を通じて、初期人類の遺伝子が生き残り広まる上で不可欠であっただろう。もしモジュールや原型の進化的起源に関するこれらの考え方が正しいなら、それらの機能と機能不全は進化論から考えたほうが有益だろう。これは、精神障害についての進化論的な理解の道を開くものだ。しかし、そういう極端な状態をとりあげる前に、だれもが時々経験する恐怖と不安について見ておいたほうがよいだろう。これを以下で考えてみよう。

◆恐怖、不安と恐怖症

不安は有用であることが多い。たとえば、テスト前にはちょっとした不安があるものだが、そのためしっかり復習するかもしれない。たとえば雄ウシがいる野原を横切る時のように、危険に直面して不安を感じれば、距離をとるようにするかもしれないし、より賢明にそこを通らないようにするかもしれない。一般に、危機に直面して恐怖を感じることによって、行動が変化し、警戒心が強まって危険を減らす結果になる。この点で、恐怖と恐怖症は区別しなければならない。恐怖は、危険の原因となんらかの関連をもつ自然な感情である。恐怖症は、直面する実際の危険に比して恐怖が著しく大きい状態を指す。恐怖は適応的だが、恐怖症は不適応行動を招く可能性がある。

恐怖は以下の点で生存を助ける。

・アドレナリン（エピネフリン）を放出するなど、進化した生理反応を引き出す刺激になる。傷を負うと、アドレナリンが血液のリセプターに作用して凝血を促進する。また心臓を刺激し、血流を速め、肝臓にグルコースを放出させる。この2つによって、逃走反応や闘争反応に関係する組織が、多くのエネルギーを使えるようになる。

・動きを止める。恐怖は人をその場に釘付けにすることがある。もしあなたがゾウに追いかけられてい

図5-1　ムンクの石版画『叫び』（1895）
(Munch Museum/Munch-Ellingsen Group, BONO, Oslo, DACS, London 2001)
『叫び』は，多くの人が人生で何度か経験する疎外感と不安感の強烈な肖像である。ムンク（1863-1944）は，たくさんの不安にさいなまれながら81歳まで生きた。彼は，なにもない開けた場所を横切らなければならない時不安を感じた。また，ゴッホやゴーギャンと同じように，自分はまわりの人々から虐げられていると信じていた。彼は，1908年にひどい神経衰弱にかかり，コペンハーゲンの療養所で6か月を過ごした。

るなら、これは賢い反応ではないが、多くの場面では賢明な反応である。動かないほうが、捕食者から身を隠せる。動かなければ見つからなかったのに、逃げたがために捕食者の注意を引く結果になりかねない。

・逃走と服従。多くの場合、逃走は最良の反応である。また、強者に服従することによって攻撃されずにすむ場合もある。

もし、恐怖と中程度の不安が進化によって生じた反応であるなら、特定のものに対する恐怖や不安は、私たちの祖先がかつて遭遇した危険の記憶を示している可能性がある。たとえば、暗闇に対する恐怖は、明らかにこのような点から理解可能だ。すなわち人間は、暗い中で目が見える捕食者や悪意をもった敵から、とりわけ夜に襲われる危険性がある。睡眠の機能は、人間が夜に無防備になることと関係しているという示唆もある。動き回ったり、音を立てたり、うまく活動できないということが危険に結びつく時には、明るくなるまで店を閉めて休んでいたほうがよい。睡眠は、遺伝子の乗り物（ヒトの身体）が危険な行動をとるのを確実に避けるために、遺伝子がとる手段なのだ。表5-1は、特定の恐怖を、それが表わす適応的な記憶にどのように対応づけられるかを示している。

ヒトの心は、表5-1に示したような恐怖をある程度もっている。都市で生活する多くの人間が、自動車恐怖や電気コンセント恐怖ではなく、過剰なヘビ恐怖や見知らぬ人に対する恐怖で精神科医のもとを訪れる（Buss, 1999）。だが統計的に見れば、現代の都会の人間にとって、自動車や電気のほうがヘビや見知

表5-1　恐怖の種類とその適応的起源

恐怖の種類	適応的起源
ヘビ恐怖	毒ヘビは，この数百万年の間，霊長類とヒトにとって脅威であった。
高所恐怖（高所恐怖症）	ヒトは比較的体の大きな動物であり，落下はつねに重大な危険であった。明らかに，高所恐怖症は通常その人を動けなくし，落下の可能性を小さくする。
閉所恐怖症	狭い密閉空間は，逃げることが困難で，襲われやすい。
見知らぬ人に対する不安（よそ者恐怖症）	よく知らない人（とりわけ男性）から加えられる危害。病気の伝染の脅威——病気に感染したよそ者が，その地域の人が防衛力を進化させてこなかった病気をよそから持ち込む危険性——に対する反応。
広場恐怖症	自分のよく知らない場所に潜む危険。

らぬ人よりもはるかに危険である。

子どもが見知らぬ人に対して感じる恐怖は、このような点から理解できる。幼児殺しはおそらく私たちの祖先の霊長類にとって現実の危機だった。いくつかの動物種の一夫多妻の配偶集団では、新しいオスがそれまで優勢だったオスにとって代わると、まえのオスの子を殺し始める。これは、メスを発情期に戻す効果があり、また自分の子どもでない子を育ててエネルギーを浪費するのを防ぐ効果がある。私たちの過去のこの残忍な側面が、その痕跡を現代人にもとどめているかもしれない。進化心理学者のマーゴ・ウィルソンとマーティン・デイリーは、実子に比べて、継子の子殺しの危険度は100倍も高いことを見出した（Daly and Wilson, 1988）。だから、ヒトの幼児が見知らぬ人を恐れることが多いのも、おそらく驚くことではない。見知らぬ男性が近づいてきた時の1歳児の、恐怖に震えて涙を流す反応は、私たちの残忍な過去の名残りなのかもしれない。事実、そのような反応が多くの文化で報告されている（Smith, 1979）。

◆まとめ

・情動表出の形態は世界のどこでも同じであるという証拠が集まりつつある。ヒトはみな、基本的な感情を共有しているようだ。なにが感情に火をつけるかは文化によってさまざまだが、私たちはみな、人種や文化に関わりなく、ほかの人間の嘆き、悲しみ、喜び、怒りなどの基本的感情の信号を認知できる。

・感情に関して有益な考え方は、感情が生得的で、感情反応がある程度遺伝的に決定されている、というものである。感情はすべての人間に共通であり、人間が成長し子孫を残すのを助けるためになんらかの適応的機能をはたすように、自然淘汰によって形成されてきた。

・恐怖と不安は、ヒトの基本的感情の一部であり、それらは通常、危険を減らしたり結果がよくなるように行動を方向づけることによって私たちを助ける。

読書案内

恐怖と不安への進化的アプローチに関する入門書は数少ないが、以下の本が参考になる。

Baron-Cohen, S.（1997）. *The Maladapted Mind*. Hove, UK: Psychology Press. 序文と1章、4章、12章を参照。

Nesse, R. M. and Williams, G. C.（1995）. *Evolution and Healing*. London: Weidenfeld & Nicolson.（『病気はなぜ、あるのか――進化医学による新しい理解』長谷川眞理子・長谷川寿一・青木千里訳　新曜社　２００１）進化医学と呼ばれる分野全体の読みやすい概説。本章に関係するのは1章、2章、14章。

Stearns, S. C.（ed.）（1999）. *Evolution in Health and Disease*. Oxford: Oxford University Press. １９９７年にスイスで開かれた学会にもとづいて編まれた本。興味深い知見が紹介されている。この章と直接関係するのは１章、8章、23章である。

Stevens, A. and Price, J.（1996）. *Evolutionary Psychiatry*. London: Routledge. 進化精神医学をあつかった数少ない本のひとつ。知識をより深めたい人は必読。1章、2章、3章、5章、8章、13章を参照。

第6章 心の病を進化から説明する

◆精神障害——用語の問題

第5章では、悲しみ、恐怖、不安といった不快な感情がどのような役に立っているのか、あるいは、少なくとも過去に役に立っていたのかについて考えた。痛みや苦悩もそうだが、それらはヒトという種になることの代価であって、いかに不快なものであっても、私たちの心の性質の一部である。だが明らかに、反応があまりにも極端で非合理的で自己破壊的なので、それが障害であると考えざるをえない人々がいる。それゆえ、説明すべきことがまだたくさんある。

精神障害を定義するのは、思うほど簡単ではない。異常行動の伝統的な定義として、一般には、統計的にまれなこと、ふつうに予想される行動からの逸脱、文化の道徳規範を破る行動、本人に耐えがたい苦悩をもたらす行動、といった基準が用いられる。しかし、これらのどの基準にも問題がある。2つだけ例をあげると、文化の道徳規範はそれ自体に問題があるし、高い知能や創造性あるいは高い運動能力など、正規分布の端にあるからと言って、異常とはみなされないものもある。

イギリスとアメリカで、異常行動に関してもっとも広く用いられているマニュアルのひとつが、アメリカ精神医学会の発行する『精神疾患の診断・統計マニュアル（略称はＤＳＭ）』である。このマニュアルは、患者が感じる主観的な苦痛の程度と、日常生活を送る上での障害をとくに重視する。

進化心理学者のデイヴィッド・バスは、精神障害の伝統的な定義が科学的な明快さを欠き、主観的すぎると批判している。バスは、心的な機能不全を特定する上で、進化心理学が明確な基準を提供すると主張している。「機能不全は、そのメカニズムがはたらくように設計された文脈において、そのようにはたらかない時に起こる」（Buss, 1999, p.399）。この定義は有効だが、これで一切の問題が片づくわけではない。私たちは依然として、ヒトがどのようなメカニズムをもっているか、そしてそのメカニズムがなにをするために設計されたのかを突き止める必要がある。さらに、遺伝的多様性のゆえに（一卵性双生児は例外だが）、もって生まれたメカニズムの特徴は人ごとに違い、そのはたらきの効率も違う。確かに、ヒトはみなほぼ同じだというわけではなく、これらの特徴は遺伝的に多様である。バスは、前述の定義を使って、進化の結果生じたメカニズムが次の3点でうまく機能しないことがあると指摘する。

1　しかるべき問題に直面した時、このメカニズムがはたらかない。
2　このメカニズムが不適切な文脈ではたらく。たとえば、近親者や小児に対する性欲など。
3　このメカニズムがほかのメカニズムとうまく協働しない。

バスは、これらの機能不全はそれぞれ、偶然の遺伝的多様性（突然変異による遺伝子の欠損など）、発達障害（たとえば脳の損傷）、もしくはこれらの組み合わせによって生じると主張する。

アメリカの進化哲学者のマーフィとスティッチもまた、ＤＳＭのアプローチに不満を表明している。彼らは、ＤＳＭの精神障害の分類はそのもとにある心的構造や脳の設計上の特徴を無視していると主張する。

> ＤＳＭの分類は、正常な心の構造や機能に関する理論から導かれたものではないし、その基礎にある心理的、生物的、環境的メカニズムや、症状を生み出すプロセスに関する事実を発見するわけでも、用いるわけでもない。（Murphy and Stich, 2000, p.69）

この点を明らかにするために、テレビのたとえを用いてみよう。テレビは複雑で精密な装置である。ほとんどの人は、このシステムがどのようにはたらき、それぞれの部品がどのように関係し合ってほかの部品に情報を送っているか、あまりよく知らないだろう。もし、テレビが故障して、たとえば画面が映らなくなったら、私たちはこれを画面欠損障害に分類するかもしれない。けれども、この故障にはたくさんの原因の可能性があって、ひとつの症状としてまとめてしまうと、原因の違いについてはなにも伝えないことになる。原因は、電源が入っていないせいかもしれないし、テレビのヒューズが飛んだのかもしれない。テレビ内の配線の接触不良かもしれないし、ブラウン管が壊れたのかもしれないし、あるいはほかの原因かもしれない。マーフィとスティッチが求めるのは、基礎科学にもとづいて精神障害を分類する、新たなアプローチである。

　最良の繁殖上の利益が得られるように行動全体を調整するような感情システムを進化がもたらしたということは、そのシステムがつねに完全に機能するということを意味するわけではない。似た例は、ヒトの免疫系である。ヒトの免疫系は、数百万年にわたる寄生虫や病気との激しい攻防戦によって形作られた、すばらしい生理的な精密技術である。免疫系はほとんどの人では、通常は感染と病気を食い止めるというめざましい仕事をする。ところが、一部の人では、それが正常に機能しない。免疫系が活動しすぎると、自分の身体の組織を攻撃し、リウマチ性関節炎などの病気を引き起こす。おそらくそれと同様に、不安障害は不安システムの過剰な活動を示している。このような考え方の方向性はおそらく間違っていないが、現状では、応用したり検証したりするには漠然としすぎている。身体の病の場合と同じように、心の病にはおそらくさまざまな原因がある。

これまでに進化的なアプローチは、心の異常についてある程度説得力をもつ仮説をいくつも生み出してきた。次にそれらを概観しよう。

◆──心の異常──いくつかの仮説

心的モジュールの機能不全

多くの進化心理学者が主張する、心をモジュールとして見る見方をとると、心の病のいくつかはモジュールの機能不全（場合によってはモジュールの欠損）によるものとみなせる。モジュールの故障とされるもっともよく知られた障害のひとつは、自閉症である。バロン＝コーエンら（Baron-Cohen *et al.*, 1985）やほかの研究者は、自閉症がいわゆる**心の理論**と呼ばれる能力に関係するモジュール、もしくはモジュール群の故障と考えるとよく理解できることを示している。心の理論については第8章で論じるが、さしあたっては、心の理論とは、他者の心の状態がわかる能力、すなわちほかの人も欲求と信念をもっており、それがその人の行動に影響することがわかる能力としておこう。自閉症は認知全般の障害ではなく、平均かそれ以上のＩＱをもつアスペルガー症候群と呼ばれる自閉症の人もいる。特殊な才能をもつ自閉症者は、『レイン・マン』という有名な映画のテーマにもなった。ここで示す説は、自閉症者は他者の行動が理解できないために社会生活が困難になる、というものだ。自閉症者はしばしば自分の中にこもり、周囲とのコミュニケーションをしない。このアプローチが有益な洞察を与える別の障害の例には、サイコパシーと気分変調性障害についてのブレアの説明（それぞれ、暴力抑制モジュールの欠陥と相互的利他性のモジュールの欠陥として説明される）がある。マーフィとスティッチ（Murphy and Stich, 2000）が詳しく論じているので、関心のある読者はそちらを参照してほしい。

楽園追放仮説

次の見解を読んでいただこう。

> 現代社会の社会的・心理的問題は、ヒトという種が進化してきた条件とはまるで違う条件の下で生きるよう、社会が人々に強いていることに原因がある。

これは、都市文明の抱える問題についての声明文の中でシオドア・カジンスキーが書いたことばである。これが正しいかどうかはともかく、カジンスキーは問題のある人物であった。彼は悪名高い連続爆弾魔で、アメリカの警察が捕まえるのに18年かかった。カジンスキーは、彼が標的にしたところに小包爆弾を送りつけて、３人を死亡させ、21人を負傷させた。ここにあげた現代科学技術の弊害に対する彼の声明文は、もしこれを公表しないならもう一度殺人を行なうと脅迫して、『ニューヨーク・タイムズ』に掲載された一文である。彼は結局１９９６年に逮捕され、現在４回分の終身刑に服している。頭がおかしいのか、それとも預言者なのか？　指導的な進化心理学者の何人かは、私たちのゲノムが現代の生活様式に合っていないと考えているのだから、カジンスキーは両方かもしれない。

　この1万年にわたって――農耕の発明以降ということになるが――人間は生活様式を変化させてきた。その結果、世界の60億の人々の大半にとって、生活条件はいまや進化的適応環境とは途方もなく違っている。この変化こそが、現代の精神障害の多くの原因なのではないだろうか？　おそらく現代人は自分からエアコンつきの動物園に閉じこもってしまって、檻に入れられた動物と同じ症状の多くを呈しているのかもしれない。この考え方は、「ゲノム・ラグ」仮説、あるいは「楽園追放」仮説と呼ばれ、たくさんの支持者を惹きつけてきた。フロイトはこの一般的な考え方を、著書『文明への不満』（1930）の中で、またユングも著書『現代人の魂の問題』（1933）の中で検討した。この考え方は、一見もっともらしい。つまり、遺伝的に合っている狩猟採集生活を捨て、一部の人々（強力な少数者）が桁外れの権力と富を集積する都市での生活に移行することによって、私たちは自分の遺伝子と文化とを対立させてきた、というわけだ。私たちは、石器時代の遺伝子と心をもちながら、宇宙時代の文化の中に生きざるをえないのだ。

　このアプローチをよく説明する領域のひとつが、配偶者選択と自分の価値の評価である。配偶者選択では多くの要因が考慮されるが、その中でも2つの基本的な要因がある。ひとつは多産、健康、病気に対する抵抗力などを示す身体的特徴から判断される相手の魅力（適応度）であり、もうひとつは自分自身の性的魅力の評価である。相手とつきあう際に、人間は、どれぐらいのレベルの魅力度であれば相手と釣り合うかを判断するのに先立って、自分自身の相対的魅力とおかれた状況を評価する。１００‐１５０人程度の集団をなして生活していた祖先の環境では、そのような評価はおそらくかなり正確だった。たとえば、極端に魅力的であったり極端に富をもった人というのは、ごくまれだったろう。現代文化にともなう問題は、人々が、ファッションモデルや俳優という形で、きわめて魅力的な男女のイメージを目にする機会が多いということである。その結果、私たちの社会集団におけるそういった人々の本当の人数がゆがめられて知覚されているのかもしれない。男性は、魅力の程度の低すぎる女性に甘んじていると考えて、相手に不満を抱き、女性は、自分自身の魅力を過小評価して、外見をよくしようと、美容整形や速効ダイエットなど極端な行動に走るのかもしれない（Buss, 1996）。要するに、美しい人のイメージを世界中に発信できることが、多くの人の自尊心を低めているのかもしれない。したがってこれは、高度な科学技術と21世紀の生活様式が心理的苦痛を引き起こしている例と言えるだろう。

このアプローチの評価

では、私たちの石器時代の遺伝子と21世紀の生活様式とは、ほかの点でもかみ合っていないのだろうか？　このアプローチには長所があるのかもしれないが、今後さらなる研究が必要である。問題は、進化的適応環境を抜け出てしまったにもかかわらず、ヒトはかつてないほど繁栄している、ということだ。地上の60億という人口を、私たちの近縁種であるチンパンジーの数十万という頭数と比べてみるとよい。さらに、統合失調症のような精神障害はあらゆる社会に——まだわずかに残っている純粋な狩猟採集文化の中にさえも――見られる。このことの意味は、もし統合失調症があらゆる文化に、そして狩猟採集民の中にも見られるのなら、ヒトは狩猟採集民として進化してきたのだから、統合失調症を単に（私たちの遺伝子にとって）異様な現代文化の中で生活することだけによる問題として片づけることはできない、ということだ。

クロフォードは、重要な論文の中で、祖先の環境と現在の環境の間に相違点よりも類似点を探すべきであると主張している（Crawford, 1998）。人口密度、ジェット機での移動、コンピュータなど、極端に変わってしまったことを選び出して祖先の環境と現在の環境を対比させるのは簡単だ。しかしこういった比較は、結果的に不適切になってしまったと考えられる適応の性質を明確にしない限り、意味がない。私たちは、宇宙時代の技術に囲まれて暮らしているが、生活の基本パターンは昔通りに続いている。男女が出会い、子どもが生まれ、友達や敵を作り、口論し、仲直りし、頻繁に互いのうわさ話をする。実際、皮肉な現代的状況のひとつは、昼メロやポルノを放送するためにハイテク衛星を打上げていることだ。人間は機械の奴隷になってしまうというＳＦ作家の不吉な予言に反して、現代技術の多くやその使われ方を見れば、逆の場合のほうがはるかに多いことがわかる。私たちは、技術をヒトの本性にもとづいて作ってきたのだ。コンピュータにとっては０と１の形式で与えられる命令のほうがよくても、私たちのほうは、小さなアイコンとそのアイコンを指す不格好なマウスを使ってコンピュータとやりとりする。古い歌にも「時が過ぎても、中身は何も変わらない」とある［訳注――映画『カサブランカ』中の歌］。

私たちをとり巻く現代文化には、ほかの特徴もある。私たちは、近親者を訪ねたり近親者の近くで暮らし、家を核家族向きに建て、地位の序列のある集団の中で活動する。これらの特徴はすべて、おそらく祖先がおかれていた状況とそう大きくは違わないだろう。クロフォードは、人間にストレスや機能不全の徴候があったり、その行動が大多数の文化においてまれだったり、繁殖の成功度がふつうと違ったりしなければ、特定の適応に関して祖先の環境と現在の私たちの環境とは基本的に似ていると考えるべきだと言っている。たとえば、一妻多夫制（ひとりの妻を何人かの男性が共有すること）は人間社会にまれであり、私たちがこの種の夫婦制に適していないと考えるだけの強力な理由がある。

完璧な生物はいない

この研究領域全体のもうひとつの問題は、種としてのヒトはこの２００万年間で進化し、約1万年前に狩猟採集生活から離脱したが、私たちはそれよりずっと前に「デザインされた」遺伝子をもっているという点だ。私たちは特殊なタンパク質の遺伝子をイースト菌、ウニ、マウス、キンセンカと共有している。では、どこまでさかのぼればいいのだろうか？　たとえば、現代人が経験する身体的な問題の多くの原因は、新石器革命の開始よりずっと以前までたどることができる。出産のリスクの高さと陣痛は、医療技術によってこの１００年で緩和されたものの、現代人にとっていまだに深刻な問題である。その理由は、私たちヒトを特徴づけている２つの進化的な傾向、すなわち二足歩行（直立歩行）と大きな脳であり、２００万年ほど前から、この２つの傾向が衝突するようになった。約４００万年前の私たちの祖先は直立して歩き、これにともなって骨盤がお椀型に、そして産道が狭くなった。しかし、私たちの脳がこの２００万年で大きくなったため、大きな頭部が狭い産道を通り抜けるのがだんだんと難しくなった。自然淘汰が与えた解決策は、未熟な状態での出産である。私たちと身体の大きさが同じぐらいの霊長類なら、妊娠期間が21か月ほどになるはずだが、21か月だと頭が大きくなりすぎ、産道を通り抜けることができなくなる。このため、9か月の未熟児で出産して、その後も脳の成長が続くのだ。

これが例証しているのは、進化そのものがおよそ妥協的だということだ。私たちが現在抱えている身体や心の問題には深いところに原因があり、それらは、進化的適応環境に代表されるほどほどの素朴な楽園を捨て去ったことの結果そのものというわけではない。もっと一般的な言い方をすると、自然淘汰は現在までの35億年間に驚くべき偉業をなしとげてきたものの、完璧な生物を作り出してきたわけではない。

新石器革命

現生人類が、その誕生以来の90%におよぶ社会生活の特徴であった狩猟採集の生活様式から本格的に離脱した時がいつかを探すなら、おそらくもっとも重要なのは、新石器革命に違いない。新石器時代、すなわち「新しい石の道具の時代」を通して、ヒトの生活様式は、小さな集団で食料を探し狩りをするその日暮らしの生活から、町に住む何千人もの人々に食糧を供給する、穀物栽培と動物の家畜化を含む安定した生活様式へと変貌をとげた。この革命は約1万年前に起こり、現在の文明はこの革命の上に築き上げられた。もし、狩猟採集民としての私たちの遺伝子に衝撃を与えたものがあったとすれば、それは新石器革命であったに違いない。リヴァプール大学のビヴァリー・ストラスマンとロビン・ダンバーは、この点を考察している（Strassmann and Dunbar, 1999）。彼らは、農耕の拡大とそれによる狩猟採集との交代に関する証拠を再検討し、伝統的な文化的手段による知識の拡大ではなく、「地域集団拡散」のプロセスによって農耕が狩猟採集にとって代わったと指摘している。このことは、農耕を営む者が農耕というすぐれたアイデアを口伝えで広め、説得によって生活様式を農耕に転換させたのではなく、狩猟採集民と文字通り異部族結婚したことを意味する。もし彼らがそうしていたとすれば、繁殖の点でうまくやっていたことになる。これらのことはすべて、農耕が重大な文化的かつ不適応的な変革であったという考え方に疑いを投げかける。

しかし、新石器革命以降、生活は多くの面で悪化した。農耕が高い人口密度を維持できたということは、一方で、初期の農耕者の間に伝染病が蔓延しやすかったということを意味する。新石器革命以前には人口密度は低かったので、病気は伝染しても、すぐ広がることはなかった。さらに、デンプン生産の増加は、虫歯を引き起こした。この問題は、この１００年の精製糖生産の莫大な増加によってさらに悪くなっている。

このことは、狩猟採集から遠ざかったことそれ自体よりも、こういったごく最近の現代的な生活様式の特徴が私たちの抱えるいくつかの問題の原因かもしれないということを暗示している。現代の生活条件では、伝統的な大家族のネットワークの大部分が崩壊している。もしあなたが、ベビーシッターのアルバイトをしたり、親戚のところに行くのに20キロ以上も移動したことがあれば、私たちの遠い祖先から見れば奇妙に思われることをしている。彼らはおそらく出産や子守りを手伝う血縁者と緊密な集団の中で暮らし、

表6-1　世界の障害調整生存年数（DALYs）のおもな高順位障害

病気・傷害	1990年の順位	総DALYsに占める割合（%）
呼吸器官下部の感染症（肺炎）	1	8.2
下痢	2	7.2
分娩時合併症（出生時の低体重，出産時外傷）	3	6.7
単極性大うつ病	4	3.7
虚血性心疾患	5	3.4

データはMurray and Lopez（1996）による。

親戚を訪ねるにしてもほんの少し歩けばよいだけだった。身体と心の健康にとって血縁者が重要な支えであることからすれば、これはとるに足らない変化ではない。ストラスマンとダンバーは、血縁者からの支援がなくなったことが、うつ病を説明するのに有効かもしれないと示唆している。

抑うつ——現代の流行病？

表6-1は、1996年の調査の、いわゆる障害調整生存年数(disability-adjusted life years: DALYs) の上位にランクされる障害を示している。DALYsは、その障害（病気や傷害）によって失われた寿命とその障害をもって生きる時間から計算される。これは、さまざまな障害が人間の苦しみ全体の中でどれぐらい主要なものかという指標になる。

この表から、出産がいまだにきわめて危険度が高いということが確認できる。しかし、注目すべきは、抑うつが障害全体の尺度の4番目に位置していることである。このデータにもとづけば、世界中がうつの流行に悩まされていると言っても過言ではないかもしれない。これに関して、ストラスマンとダンバーは、「一因となっているのは、血縁者の支援ネットワークが弱くなり、それにともなって心理的・物質的な安全が得にくくなったことだろう」と述べている。

精神障害の原因が21世紀の生活に合った装備をしていない私たちの遺伝子にあると言い切ってしまうのは、おそらく一般化のしすぎだろう。私たちはもっと厳密になって、問題を引き起こしている可能性のある現代生活の特徴を明確にし、そしてそれらの特徴が私たちの生物学的要求と心理的要求にどんな難題を課しているのかを明らかにする必要がある。

適応的堅実性仮説

不安反応と明らかな過剰不安は、環境の信号に対する適応反応という点から考えることができる。私たちの祖先の類人猿が、森の中でおいしい果実を食べている時に、突然葉のこすれる音が聞こえてきたとしよう。音を無視して食べ続けるべきか、急いで逃げるべきか？　正しい決定には、次のようないくつもの要因が関係している。

・音信号に対する雑音（ノイズ）の比率。音は捕食者かも、無害な動物かも、あるいは風の音かもしれない。

・音が捕食者のものだと間違って判断した場合のコスト。この例の場合、コストはせっかくの食料を手放してしまうことである。

・音が本物の捕食者からだった場合、それを無視して食べ続けた場合のコスト。この場合、そのコストは死かもしれない。

意思決定のバランスは微妙で、不安反応が適切である個体ほど有利になる。しかし注意してほしいのは、死のコストが食べ物を失うコストよりはるかに大きいということである。したがって、必要以上に不安になったほうがおそらく適応的である。これは、恐怖の適応的堅実性仮説として知られている。このアプローチの問題点は、それが、なぜ人がしばしば必要とされる以上に不安になるのかを説明する手段としては有効だが、一部の人ではなぜ日常生活が送れないほど不安が強いのかまでは説明できない点である。

準備性仮説

注意しなければいけない重要な点は、恐怖と恐怖症はランダムに分布しているわけではないことだ。たとえば、鉛筆削り器に対する恐怖症をもつ人はごくまれだが、ネズミやクモのような小動物に対する恐怖症をもつ人はかなりの数にのぼる。このことを説明するために、１９７１年にセリグマンは準備性仮説を提唱した。この仮説は、恐怖がランダムに分布していないのは、恐怖の条件づけの際にはたらく進化的傾向（準備性）のせいであるとする（Seligman, 1971）。ここで重要な点は、私たちは生得的な恐怖をもって生まれるのではなく、特定の刺激がほかの刺激よりも容易に害と結びつきやすいように生まれついているということだ。つまり、この仮説によれば、私たちは、かつて進化的適応環境において有害だった恐怖対象に容易に条件づけられるが、無害な対象や出来事に結びつく恐怖は生じにくい。有害なものごとの経験は引き金となるが、実際にその効果を導くのは、適応が生んだ準備性である。ある意味でこの仮説は、適応論者の考え方とパヴロフの古典的条件づけの説明の両方をとり入れている。

この仮説から、少なくとも2つの検証可能な予測が導かれる。

・ほとんどの恐怖症は、初期人類にとって有害であったものに関連しているはずである。
・これらのものに対する恐怖は、私たちが嫌悪刺激をこれらに結びつける傾向があるため、実験によって容易に条件づけることができる。

ラムスデンとウィルソンはこの点を強調し、次のように述べている。

> 恐怖症が人類の祖先がおかれていた環境のもっとも大きな危険の多く――閉所、高所、雷、鉄砲水、ヘビ、クモなど――によって容易に引き起こされるということは、注目すべき事実である。同様に重要なのは、恐怖症が現代の技術社会のもっとも大きな危険――拳銃、ナイフ、自動車、電気のコンセントなど――によって引き起こされることはまれだ、ということである。（Lumsden and Wilson, 1982, p.2)

これらの予測をある程度支持する証拠がいくつかある。もっとも説得力のある研究のひとつは、誤った関連づけに関するものである。これらの実験では、対象の映像を提示する時、同時に弱い電気ショックを被験者に与える。トマーケン、ミネカとクックの研究では、ヘビやクモなど、かつて実際に危険であったと考えられるものの映像と、花やキノコなど中性的なものの映像が用いられた。電気ショックの痛みと映像の関係はランダムで、平均すると各対象について3分の1だった。つまり、ヘビや花やキノコの3枚の映像につき1回痛いショックが与えられた。それ以外の2回は、音刺激が提示されるか、なにも提示されないかのどちらかだった。終了後、被験者は、ヘビの映像の際に与えられた電気ショックの割合を推定するよう求められた。実際の割合は33％だったが、被験者は一貫して42-52％と過大評価した（Tomarken, Mineka and Cook, 1989）。アカゲザルのようなほかの霊長類での研究もまた、サルに持続性のヘビ恐怖を獲得させることができるのに対し、それと同じ実験計画（各刺激に対して恐怖反応をするサルのビデオをテスト個体に見せる）では花恐怖を作り出せないということを示している。

準備性仮説を支持するこれらの肯定的な結果に対して、その問題点も述べておく必要があるだろう。方法論的な問題のひとつは、ある対象には被験者が容易に条件づけられそうだという実験者の直感的知識が刺激の選択に影響したかもしれないということである。言いかえると、実験者はヘビ恐怖症はより容易に条件づけられると思っており、これを祖先にとって危険なものとして選び、実際にそのような恐怖が容易に条件づけられることが示されたことになる。

おそらくもっと重要な問題は、祖先にとって危険なもの（論文中では「系統発生的に適切な刺激」と表現されている）をどう決めるかに関わっている。50万年前の人類にとってなにが本当に危険だったのかを決めるのには、もっぱら推測に頼らざるをえない。私たちはこれら初期人類の過去環境を構成し、ありえる捕食者と傷害の原因について推測しなければならない。この進化的適応環境は、単一の環境ではない。アフリカの大草原の環境を再構成するのに多くの時間を費やしたとしても、結局、人類はアフリカから移住して、その後幾度もの氷河期を経てヨーロッパの雪原を含むさまざまなまったく新しい環境に直面したのだ。先に述べたトマーケン、ミネカとクックの研究は、この困難を考慮に入れて再検討することができる。この実験の肯定的な解釈では、ヒトが花やキノコの映像よりもヘビやクモの映像と痛みを連合するようにすぐに条件づけられるのは、ヘビやクモがかつて私たちの祖先にとって危険であり、現在の私たちもそれらに対して容易に条件づけられるように準備されているからだ。しかし、デルプラートは次のように指摘する。

> ……米国内だけでも約１００種の毒キノコが知られているという事実を考えると……、キノコは、人類という種の生存にとってヘビやクモをあわせたよりも大きな脅威であったと考えてよいだろう。（Delprato, 1989, p.89)

この批判のもうひとつの側面は、祖先が感じていたと推測される恐怖のいくつかは、実際には危険ではなかったかもしれないということである。多くの人はクモに恐怖を示すが、初期の人類にとってクモはどの程度重要な脅威だったのだろう？　確かに毒グモはいるが、それは報告されている3万5千種のうちの

表6-2　米国の2万人の患者に対する恐怖症の疫学的研究の結果

刺激	恐怖症と分類される患者の割合（%）	理由のない恐怖を訴える患者の割合（%）
虫・ネズミ・ヘビ・コウモリ	22.4	6.1
高所	18.2	4.7
水	12.5	3.3
公共交通機関	10.5	3.2
なんらかの恐怖症	60.2	18.5

データはChapman（1997, Table 20.3）による。

わずか0・1%にすぎない。この小さな生物がかつて私たちの存在を脅かすほどの脅威であったため、現在の私たちはそれと痛みとの連合を容易に形成できるように遺伝的にプログラムされているのだとは信じがたい。

恐怖症の中には、過去の環境と関係がほとんどないように見える対象や状況と関連して生じるものもあるという証拠もある。表6-2は、米国で2万人を対象に面接と質問紙を通して行なわれた広範な調査の結果を示している。表の3列目は、「理由のない恐怖」を訴える人の割合を示し、2列目は恐怖症の診断基準を満たす人の割合を示す。一般的な恐怖症は4つだけである。この結果が興味深いのは、理由のない恐怖が広く見られ、6人にひとり（18・5%）がなにかに対する恐怖症の基準を満たしているという点である。進化的なパラダイムの問題点は、どのように虫やヘビやネズミやコウモリが直接的な害をおよぼしたり病気を蔓延させることによって危険でありえたのかを説明するストーリーを作り上げるのは容易だが、アフリカの大草原と公共交通機関を結びつけるのはかなり難しい、という点にある。

ほかの研究も、恐怖症は（進化の点で）最近のシナリオに関係して発症する可能性があることを示している。クックらは、交通事故の生存者の38％が車の運転に関係した恐怖症を発症すると報告している（Kuch *et al.*, 1994）。カークパトリックは、１３３の刺激カテゴリーを用いて一般的な恐怖について調べ、女性がジェットコースターの恐怖をもっとも重要なものと評定するという驚くべき結果を得た。男性では、最上位に評定されたのは、天罰を受けるという恐怖であった（Kirkpatrick, 1984）。進化心理学者はいろんな説明を思いつくが、彼らでもこれらの調査結果に適応論的な説明を与えるのは難しいだろう。

表５‐１で見たように、恐怖症は、まったく自然で有用な感情の極端な形を示しているのかもしれない。おそらく、不安と一連の弱い恐怖症は、私たちの遺伝子が危険を逃れその複製を作るのに十分なほど長く生き残るのを確実にするための代価なのかもしれない。次の節で見るように、ある人がほかの人よりも恐怖症になりやすいという事実は、これらの特性が正規分布するということから説明できる。

正規分布説

おそらく精神障害は、一部の人々を特性の正規分布の両極端に位置させるような効果をもつ遺伝子の組み合わせによっている。例として、身長という変数をとりあげてみよう。ある個人がどれくらいの背の高さに成長するかに関係する遺伝子はたくさんある。このことから、もしたくさんの人々を計測すれば、身長は平均値を中心に正規分布するだろう（平均値は男性と女性で異なるだろうが）。ほとんどの人は、平均値の両側の10センチほどのところに位置し、成人男性では、１９３センチ以上や１５５センチ以下の人

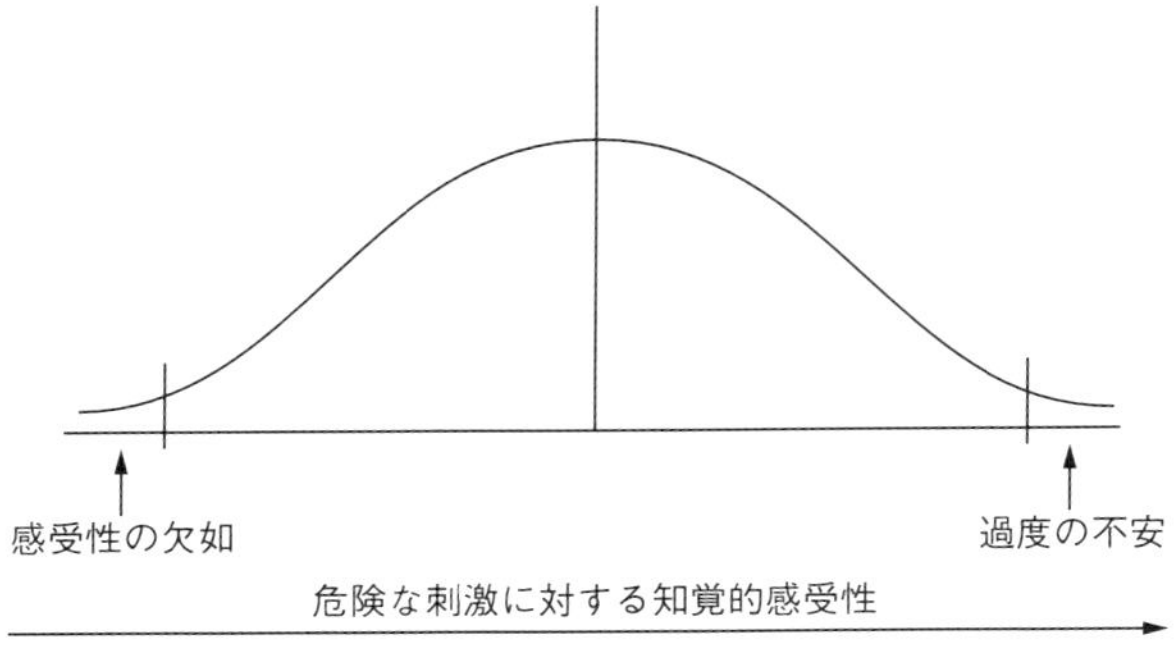

図6-1　不安反応の仮説的正規分布

はほとんどいない。これと同じように、抑うつや過度の不安といった障害をもつ人は敏感なほうの端に位置し、一方、向こう見ずで高いリスクを冒す人はもう片方の端に位置するだろう（図6-1）。このモデルでは、異常に見えるほど強い不安をもつ人は、受精時にたまたま正規反応曲線の一方の端になるような遺伝子の組み合わせをもってしまったことになる。さまざまな特性において、両端に位置する人々が珍しいわけではない。たとえば、極端に背の高い人もいるが、これは必ずしも健康な状態とは限らない。

スティーヴンスとプライス（Stevens and Price, 1996）のように、一部の研究者はこのアプローチを理論の名に値すると考えているが、その問題点は、実際には、遺伝子がどのように分布しているかの記述的な説明にすぎない、ということである。過剰に不安な人が単に不安を引き起こす遺伝子をたくさんもっているだけなのかどうかを検証するのは難しい。

抑うつの社会的ホメオスタシス説（階級説）

人間の社会集団（進化的適応環境に似た条件で現在も生活して

いる集団（も含む）には、とりわけ男たちの階級と権力をめぐる闘争から生じる、恒常的な緊張をともなう階層性がある。そうした集団では、緊張と葛藤がつねに生じており、抑うつのような状態は集団の安定を保つのに役立っている、という主張がなされてきた。抑うつは社会的な競争に負けそうな人を無気力にし引きこもらせて、さらなる損害を与える葛藤を避けるという重要な機能をはたしている、というのだ（Allen, 1995）。結果として、抑うつは、一種の服従の行為ということになる。抑うつそれ自体は障害ではないかもしれず、このような考え方は、反機能的でその個人にとって悪い状態であるように見えるものが、長期的には本人の利益になるかもしれないことを示唆している。これは、抑うつの階級説と呼ばれることもある。この仮説は検証が難しく、重篤な抑うつの場合には、うまく説明できるようには思えない。アレンは、抑うつ反応が進化によって選択されてきたのに対し、「病的な抑うつ状態は、この適応的な感情メカニズムにもとづく病理的な逸脱である」（Allen, 1995）と主張している。この主張の問題点は、説明すべきことを病理的逸脱の起源に移したにすぎないということである。

個体発生説（発達説）

もう一度身長の分布のアナロジーを用いよう。注意しなくてはいけないのは、身長が多くの遺伝子によるだけでなく、多くの環境の影響の結果でもあるということである。つまり、一卵性双生児でも、食生活が違えば身長も違ってくる。先に論じたように、原型の心的モジュールをアーミーナイフにたとえるのは読者にアピールはしても、心が完全に準備を整えて世界という舞台に上がると考えるのは明らかに誤りだろう。脳が、特定のやり方で刺激に反応するように作られた心的ハードウェアと神経回路を備えて生まれてくるというほうが、より可能性が高い。違う環境は違う人間を作り出し、有害な環境はゆがんだ、あるいはうまく機能しない原型、ないし心的傾向を作り出すだろう。生物学者のエルンスト・マイヤーは、環境条件がどのように遺伝子型の傾向を形作り、表現型を生み出すかを述べるにあたって、「オープン・プログラム」という用語を用いた。

これは、社会心理学や発達心理学のアプローチだという印象をもった読者もいるかもしれないが、その印象はたぶん正しい。ここにこの説を含める理由は、成熟にともなって外的刺激との関係の中で展開する発達プログラムがあり、その起源を進化が示唆するからである。たとえば、人間が母親と情緒的なきずなで結ばれるようにプログラムされているのはほとんど確実である。このプロセスが妨害されると、心理的な発達が正常でなくなるだろう。したがって、この点で、精神分析的、行動的、心理社会的モデルは至近的な仮説を提供するのに対し、進化論は究極的説明の枠組みを提供する（McGuire, Troisi and Raleigh, 1997）。

個体発生的な理論の代表的な例は、イギリスの医者で精神分析家のジョン・ボウルビィが発展させた愛着に関する考え方である（Bowlby, 1969）。ボウルビィは霊長類はみな生まれながらに母親のような身近なおとなとの緊密な情緒的きずなを築くように、あらかじめプログラムされていると主張した。ボウルビィは、ヒトの幼児期の経験が後の人生における社会的関係をどのように形成するかに大きく影響し、愛着というこの重要な初期のプロセスが妨害されると、後に障害が起こる可能性があると論じた。

１９３０年代にボウルビィは、ロンドンで問題児のためのセンターの精神分析家としてはたらいていた。

ここで彼は、出会った若者たちの多くが情動反応を欠いていることに衝撃を受けた。彼はその時に、あることに気がついた。情動反応の欠如を示し、警察の厄介になる子どもは、小さい時に母親から引き離されてしまったことが多かったのだ。

　ボウルビィが最初の洞察を得た頃、人間の感情と人間関係の研究は、フロイト派の精神分析が主流だった。ヒト以外の動物の研究も、とりわけアメリカではワトソン、スキナーとその一派の**行動主義**による影響が強かった。ボウルビィは、フロイト派の考え方も、行動主義も、愛着に関する自分の観察を説明するのには使えないと感じた。その後運よく、彼は2人の研究者の研究に出会った。ケンブリッジ大学の比較心理学者、ロバート・ハインドとオーストリアの動物行動学者、コンラート・ローレンツである。2人は動物の行動を説明する上で進化論の重要性を念頭においていた。これはまさしくボウルビィに勇気を与えるものであり、彼は自分の愛着理論を進化の枠組みの中で構築することにした。

　ボウルビィは、愛着が形成されるプロセスは親と子どもの双方にとって適応的であることを示した。彼によれば、赤ちゃんは生まれてすぐに世話してくれるおとなに愛着をもつように、生まれながらにプログラムされている。もちろん、そのおとなは通常は親である。このおとなが赤ちゃんに保護と養育を与える。親の側から見ると、自分の遺伝的投資先の世話を確実にする上で、愛着のプロセスが不可欠である。自分の子どもをかいがいしく世話せよと親に指示する遺伝子は、その子にも受け継がれるのだから、それが生き残り広まるだろう。ボウルビィは、新生児が自分の母親の微笑みと顔に引きつけられるのとちょうど同じように、赤ちゃんの顔と声が母親の養育反応を刺激し、引き出すようにはたらくと主張する。

ボウルビィによれば、愛着のきずなは2歳半以前に形成される必要があり、これ以降では愛着を形成するのが難しくなる。愛着が形成されないようなことがあれば、結果として永久的な感情障害が起こる。ボウルビィの研究は、人生最初の数年間における親と子の関係についての考えに多大な影響を与えた。その後、彼の研究は批判され、彼が観察した影響について別の説明も提出されたり、ほかの研究者による彼の説の拡張や改訂も行なわれてきた。しかし、愛着理論の中心的な見解は心理学の主流の考えのひとつになり、愛着は成長過程にある子どものその後の長期にわたる心の健康に重要な役割をはたすという点で、大方の意見は一致している。この理論の弱点は、なぜ養育をきちんと受けられなかった子どもの回復力には無視できないほど大きな個人差があるのかを、十分に説明していないという点である。

ここでは愛着理論を綿密に検討することはしない。この理論についてのすぐれた総説として、カーラ・フラナガン『初期の社会化――社会性と愛着』があるので、参照していただきたい（Flanagan, 1999）。ここに愛着理論を含めた理由は、それが進化の観点に立った心の健康へのアプローチの一例であり、遺伝子と環境がどのように相互作用して成長過程にある人間に影響をおよぼすのかを示すよい例だからである。

包括適応度説

包括適応度というのは、理論生物学者のウィリアム・ハミルトンが１９６４年に画期的な研究を発表して以来使われるようになった用語である（Hamilton, 1964）。ダーウィンにとって適応度とは、自分自身と子孫の生き残りを助ける、その個体の特性（これには身体的特徴と行動的特徴が含まれる）であった。したがって母親にとって子どもは自分の遺伝的投資を意味するから、母親は自分をかなり犠牲にしてでも、子どもを世話するだろう。母親の場合に確かなことは、自分の遺伝子の50%は自分の産んだどの子にもあるということだ。これは、母親がこのように意識的に計算したり推論したりしているということではない。進化が私たちにこのような反応を備えさせている、ということなのだ。ハミルトンが気づいたのは、私たちの遺伝子の一部はほかの血縁者にもあるということだった。だとすると、兄弟や姉妹やいとこも私たちの遺伝子の一部をもっているので、私たちは彼らにもやさしくあるべきだ、ということになるだろう。ランダムに選んだあるひとつの遺伝子が別の個体にもある確率を**血縁度**（r）と呼ぶ。r値は、同じ親から生まれたあなたと兄弟（姉妹）では０・５である。あなたといとこでは、０・１２５になる。一卵性の双子なら１・０になる。包括適応度の重要性に初めて気づいたのは、イギリスの生物学者ホールデンだった。彼は、１９３０年代にロンドンのユーストン通り沿いのどこかのパブで飲んでいて、ふざけついでに、少なくとも一卵性の双子ひとりかいとこ８人のためなら自分の命を捧げる、と友人に言ったのだ。

　ヒトの行動パターンの多くを考える際に、包括適応度から得られる洞察が用いられている。そのひとつが自殺である。この考え方をヒトに適用する前に、あなたがミツバチの巣に近づき蜂蜜をとろうと愚かにも手を突っ込み、さらに悪いことに女王バチの命を脅かすことになったと想像してみよう。あなたは即座に何度も刺されるだろう。傷を調べてみると、刺されたところにはミツバチの腹部が半分皮膚の中に残っているだろう。人間に関しては「至高の愛とは、友のために自分の命を捧げることである」と言われるが、この点でミツバチは私たちと同じである。あなたを刺したハチは死んでしまう――巣を救うために自分を犠牲にするように見える――からである。いずれにしても、包括適応度の概念が登場するまでは、そう説明されていた。だが、ミツバチは、巣を救っているのではなく、単に自分の遺伝子を救っているのだと考えるだけの正当な理由がある。つまり、侵入者を阻止しようとしてこの自殺的な行為によって死ぬハチは、自分の遺伝子と同じ遺伝子（重要なことだが、それには自殺に関与する遺伝子も含まれる）が巣に残った者たちによって――とりわけ、彼らとはr値0・5の血縁度をもつ女王バチによって――次の世代へと伝えられるのを確実にしているのである［訳注――なお、ミツバチのような半倍数性の遺伝様式をもつ生物では、女王バチとメスの働きバチの血縁度はヒトと同じく0・5だが、メスの働きバチどうし（姉妹）の血縁度は0・75であり、この点はヒトと異なる］。

話をヒトに移すと、進化心理学者のデニス・デ・カタンザロは、人間は自分がもはや自身の包括適応度に寄与できなくなった時に自殺すると示唆した。もしある人が、近しい血縁者の重荷になっていて、生き続けて家族の資源を使ってしまうことで包括適応度を自分から低めてしまうような悲惨な状態に陥ってしまったなら、自殺をよしとする恐ろしい論理が存在する。自分の生命を終わらせ、それによって自分の遺伝子がほかの人間の中で繁栄することが可能になるのなら、それは遺伝的に意味がある。

さまざまな人々に調査を行なって、デ・カタンザロは、「自殺の観念」（調査対象になった集団における自殺しようという意図の指標）と彼ら自身の人生上の出来事との関係を調べた。その結果、自殺の意図と自分が家族の負担になっているという認識との間には正の相関があり、子どもの数や性行為の頻度のような性的成功の指標との間には負の相関が見られた（de Catanzaro, 1995）。言いかえると、恋愛でうまくいかなかったり、自分が血縁者の資源を消耗する原因になっていたりすると、自殺を考える傾向が強い。

この領域でなされなければならない研究は多いが、包括適応度はせいぜい自殺の部分的な説明を提供するだけかもしれない。自殺は、進化的な理由による説明が困難なほかの社会的変数とも相関している。

◆精神障害の遺伝的基盤

精神障害の進化的説明は、ある種の精神障害は家族内で発症する傾向があるという事実に直面せざるをえない。特定の家族においては、環境的影響も役割をはたすものの、遺伝的基盤を示す証拠もある。精神障害の遺伝的基盤の考え方は、次のような2つの問題を提起する。

1　一部の人々は正常な発達と機能を損なうような有害な遺伝子をもっているのか?
2　自然淘汰が不適応者を排除して適応者を残すようにはたらくとしたら、なぜそのような遺伝子がいまも存在するのか?

多くの身体的な病気（たとえば、ハンチントン病、嚢胞性線維症、フェニルケトン尿症、鎌状赤血球性貧血、軟骨形成不全症）が遺伝的基盤をもっていることがはっきり示されているのだから、第一の問題に対する答えが「イエス」であるとしても、驚くことではない。これがそうであるという事実は、私たちの遺伝子が自然淘汰を通して生活に適応してきたという考え方に特別な疑いを投げかける。この問題については、以下の「遺伝的基盤をもつ病の適応価」の節で論じよう。

うつ病――単極性と双極性

単極性という用語が示すように、この病気の人はひとつの異常状態だけを示す。それは、さまざまな症状をともなううつ状態である。単極性うつ病をさらに2つに分けることもある。心因性のうつと内因性のうつである。心因性のうつは、愛する人の喪失、失業、個人的な失敗といった悲痛な出来事に対する反応である。内因性のうつはその人の内部から生じ、ふつうは心因性のうつよりも重篤である。これらの用語は、ＤＳＭでは使われていない。かわりに、ＤＳＭで使われている分類は、重篤だが短期的な大うつ病性障害と、急性ではないがより長期化する気分変調性障害である。

双極性という用語が示すように、双極性うつ病には、躁とうつの2つの状態がある。この病の人（その中には歴史上の天才や創造的な人々もいる）は、特有な熱狂的活動、短気（かんしゃく）、向こう見ず、性的エネルギーの高まりをともなう躁状態からうつ状態への激しい気分の変化を経験する。

双極性うつ病には遺伝的基盤があるという証拠はいくつか得られているが、単極性うつ病の場合は、その証拠がほとんどない。プライスの双生児研究によると、二卵性双生児に比べて、一卵性双生児は、2人のうち一方が躁うつ病だと、もう一方も躁うつ病である率がかなり高い（Price, 1968）。注目すべきは、この傾向は一卵性双生児が別々に育った時にも見られることだ。健康な夫婦の家庭の養子になった人に関す

表6-3 統合失調症を発症する確率
（人口あたりの確率は0.01である）

血縁関係	*r*値	血縁者が罹患している場合に，統合失調症を発症する確率
一卵性双生児どうし	1	0.48
二卵性双生児どうし	0.5	0.17
きょうだいどうし	0.5	0.09
祖父母と孫	0.25	0.05

る研究でも、生物学的な両親が躁うつ病であった場合には、躁うつ病にかかりやすいことが示されている。

統合失調症

統合失調症は、認知、感情、行動の障害を含む複雑な病である。これらの症状の範囲があまりに広いため、統合失調症をいくつかのタイプに分類しようと、さまざまな試みがなされてきた。DSMでは、3つのタイプがあげられている。幻覚と妄想をともなう妄想型、調和に乏しい会話と支離滅裂な行動をともなう解体型、無感動と動機の欠如をともなう緊張型である。統合失調症は通常、男性では10代後半か20代前半に発症し、女性では20代後半に発症する。それは、前途有望な将来の道をふさぐ可能性があり、薬物で症状を緩和できるものの、いまのところ決定的な治療法は知られていない。人口あたりの有病率は、さまざまな研究から、0・2%から2・0%の間と推定されている。したがって、人間全体で見ると、1%程度の罹患率と見積もられている。

双極性うつ病と同様、統合失調症にも遺伝的要素があるようだ。表6-3は、先に述べた*r*値の概念を用いて、血縁関係にある者どうしのうち一

$$\text{式1}\ \lambda_R = \frac{\text{その病気にかかっている人の血縁者の罹患率}}{\text{集団全体における罹患率}}$$

$$\text{式2}\ \lambda_S = \frac{\text{兄弟か姉妹がその病気にかかっている時の本人の罹患率}}{\text{集団全体における罹患率}}$$

方が統合失調症である場合にもう一方もこの病気になる確率を示している。

一卵性双生児でも１００％一致することはないということに注意しよう。これは、統合失調症には遺伝的要素があるが、環境の影響もまたあるということを示している。統合失調症の発症とその経過の両方が、家庭生活の社会的力学の影響を強く受けるのかもしれない。

精神障害の遺伝に関する研究に役立つもうひとつの有効な概念は、相対危険度（λ_R）であり、これは上の式１のように定義される。問題となる血縁者がきょうだい（兄弟姉妹）の場合には、これをλ_Sで表わし、上の式２のように定義する。

表６‐４にさまざまな病気のλ_Sを示す。糖尿病はもちろん精神障害ではないが、遺伝的要素がどの程度強いかがわかるように、リストに含めてある。この表からわかるように、Ⅰ型の糖尿病は、Ⅱ型の糖尿病よりも遺伝的要素が強い。表６‐３と表６‐４を比べてみると、たとえば統合失調症には遺伝的基盤があるとはっきり言うことができる。もしあなたのきょうだいが統合失調症だとしたら、あなたは平均的な人の10倍、この病気になる可能性がある（表６‐４）。この場合、あなたがこの病気になる全体的な確率は０・09、つまり約10分の１である（表６‐３）。人口全体の平均罹患率は約１００分の１だから、これは平均罹患率の10倍にあたる。

表6-4　さまざまな病気や障害のおおよその危険率

病気・障害	おおよその危険率（λ_s）
自閉症	＞75
糖尿病（Ⅰ型）	20
統合失調症	10
双極性うつ病	10
パニック障害	5-10
糖尿病（Ⅱ型）	3.5
恐怖症	3
大うつ病性障害	2-3

データはSmoller and Tsuang（1998）による。

これらの統計値は注意してあつかわなくてはならない。あなたのきょうだいに統合失調症の人がいると、あなたがこの病気になる確率は平均の10倍になるが、そのことは、遺伝子とこの病気の間に1対1の対応があるということを意味するわけではない。あなたがきょうだいと類似した環境で暮らしてきたために、この病気にかかりやすいということもありえるからだ。もうひとつの可能性は、環境刺激に対して特定の方法で反応する傾向の遺伝子をあなたがもっているかもしれないということである。表6-3は、あなたが一卵性双生児のひとりで、もうひとりがこの病気をもっていたなら、あなたがこの病気にかかる確率は48%だということを示している。これは、統合失調症を発症しない確率も52%あることになるが、あなたがたの遺伝子はまったく同じである。このことは、遺伝とこの病気の関係が単純ではないことを示している。

◆遺伝的基盤をもつ病の適応価

もし、双極性うつ病と統合失調症のような病に遺伝的基盤があるのなら――たとえその遺伝子が複数の寄与因子のひとつにすぎない場合でも――、こういった遺伝子は、遺伝子プール中に残り続けて、なにをしているのだろうか？　不都合な遺伝子なら、とっくの昔に、自然淘汰と性淘汰によって「とり除かれ」ているはずである。さらに、たとえば統合失調症のような病気が人間のさまざまな集団に広く分布しているという事実は、それが最近になって現われて、その患者の繁殖度の減少によって消え去るのを待っているというのではなく、きわめて長期間にわたって、ヒトの状態の一部であり続けている、ということを示唆している。

この謎に対する代表的な答えには、２つのタイプがある。ひとつの答えは、問題になっている不適応的な特性に関与する遺伝子は、適応度を高めるほかの遺伝子となんらかの形で関連している、というものだ。これは**多形質発現**仮説と呼ばれることがある。多形質発現というのは、単一の遺伝子もしくは遺伝子群が複数の効果をもつ可能性があるという、よく知られた遺伝的事実を指す。たとえば、躁うつ傾向をもつ人は同時に創造性が高いことがある。このことが、私たちの祖先が直面した困難な環境的課題に対する解決策を見つけ出すのを助けたのかもしれない。食料を確保し住まいを作り捕食者から逃れるための新たな方法を考え出す能力は、ヒトの進化においてきわめて価値ある長所だっただろう。もうひとつのタイプの答えは、ある人々では抑うつを引き起こすその同じ遺伝子が、ほかの人々では繁殖度を高める効果をもたらす、と考える。これは、男性の同性愛の遺伝的基盤の可能性を説明するために用いられてきた論理である。男性の同性愛に関与する遺伝子は、彼らの姉妹にもあって、もしそれが彼女たちの繁殖度を高めているのなら、遺伝子プールの中に残り続けるだろう。

明らかに不利であるにもかかわらず、ヒトの遺伝子プールの中に生き残っている、不適応な遺伝子の例がいくつもあることが知られている。鎌状赤血球性貧血という難病は、私たちのＤＮＡの塩基配列の単純な変化によって引き起こされる。ヘモグロビン中のひとつのアミノ酸の置換（グルタミン酸がバリンになる）が赤血球の形の変化――鎌のような形に見える――を引き起こし、血液の酸素運搬能力を低下させる。欠陥遺伝子が両方の**染色体**にある場合（すなわち、染色体が同型である場合）に作られる鎌状赤血球は壊れやすく、血液の流れを妨げ、身体の一部では酸素が不足する。身体症状は、貧血から、虚弱、主要臓器の損傷、脳損傷、心不全におよぶ。この病気には治療法がなく、世界で年間約10万人が亡くなっている。鎌状赤血球性貧血は、アフリカ系アメリカ人ではごく一般的な遺伝病であり、米国で生まれたアフリカ系アメリカ人の５００人にひとりがこの病気をもつ。この病気が人口中にこのような高い頻度で見られるのと、自然淘汰がこれを排除してこなかった（この病気にかかった人の多くは生殖可能になる前に亡くなる）のはおそらく、アフリカでは鎌状赤血球の遺伝子をひとつもっていることがマラリアに対する抵抗力をもたらすからだろう。2つとも鎌状赤血球遺伝子を受け継いでいる人、つまり、ひとつは父親からひとつは母親から受け継いでいる人は、鎌状赤血球性貧血を発症し、若くして死ぬ。鎌状赤血球遺伝子をひとつだけ受け継いでいる人は、鎌状赤血球形質をもっていると言われ、ほんの一部の赤血球だけが変形している。この状態は、マラリアの寄生虫（マラリア原虫）がこの突然変異細胞の中ではライフサイクルを完遂することができないため、この遺伝子がマラリアへの防衛に有利にはたらく。明らかに不適応的なこの遺伝子がなぜ遺伝子プールの中に生き残っていて、いまもアフリカ系アメリカ人に見られるのかは、アフリカの国々ではマラリアがよく見られる病気だという点から説明できる。

保因者が両親からもらう遺伝子の一方が不適応的な遺伝子である場合、それが維持されるにはほんの少し有利であればよいことが、嚢胞性線維症の例からもわかる。嚢胞性線維症の子どもがもつ問題の遺伝子は劣性で、同型である（２つ同じものがそろっている）。つまりその子は、両親からひとつずつもらった欠陥遺伝子を２つもつ。もしひとつしかその遺伝子をもっていないなら、保因者と呼ばれる。保因者はまったく正常かつ健康に生活し、別の保因者との間に子どもをもうけるまで、自分が保因者であることに気づかない。白人の約25人にひとりは、嚢胞性線維症の劣性遺伝子の「保因者」であると考えられる。したがって２人の保因者が出会う確率は約（$1/25)^2$＝1/625、すなわち０・００１６である。両親が保因者で劣性遺伝子が２つになり、その結果病気になる子どもの確率は、0.0016×1/4＝0.0004、つまり２５００分の１である。それゆえ、白人では、約２５００人にひとりの割合で嚢胞性線維症をもった子どもが生まれる（第１章の「ケーススタディ――インセスト回避」を参照）。嚢胞性線維症にかかった人たち、すなわち遺伝的に同型になった人たちを排除しても、劣性遺伝子そのものは排除できない。実際、劣性遺伝子がいつまでも残り続けるためには、保因者である条件が保因者でない条件に比べて２・３％生存率が高ければよい（Strachan and Read, 1996参照）。

統合失調症――集団分裂仮説

スティーヴンスとプライスは、なぜ統合失調症が淘汰されずに残っているのかについて、斬新な仮説を提唱した（Stevens and Price, 1996）。彼らは、統合失調症傾向のパーソナリティが過去には、ヒトの集団が大きくなりすぎた時に、集団を分裂させるという有益な機能をはたすようにはたらいていたのかもしれないと主張している。

なんと言っても、ヒトは社会的な霊長類だ。複雑な言語をもつという私たちの遺伝的能力は、ほかの動物にはないものであり、集団生活がヒトの進化の基本的な要素であり続けてきたことを示している。ヒトがいつから言語を用い始めたかについて、科学者の考えはさまざまだが、控えめな見積もりとして10万年前という説をとれば、集団生活を促進するためでないとしたら、ヒトがなんのために言語を使ったのかを想像するのは難しい。ただし、言語は集団生活を示唆するが、集団で生活するからといって、それが言語に結びつくわけではない。これを示すものとして、私たちの近縁種であるチンパンジーも大きく安定した集団で生活するが、言語能力はもっていない。私たちの心の能力は、集団力学に適合するよう作られているように思われる。見知らぬ者どうしが集まっただけで、すぐに集団がいくつも形成される。私たちの道徳的行動もまた、自分の集団とほかの集団をすぐに区別するようになる――こうした性質はまた、いとも簡単に部族どうしの争いや戦争に利用されてしまう。

集団生活は利点と欠点をあわせもち、そしてどの集団にも最適なサイズというものがある。集団のサイズが大きくなれば、捕食者を警戒するためと食料を見つけるために、より多くの目と脳が使えるようになる。しかし、集団が一定のサイズよりも大きくなり、その動物種の特性や生活環境の制約を超えると、マイナスの効果が利点を上回り始める。食料はより簡単に探せるようになるだろうが、養うべき個体の数がずっと多くなり、それぞれの分け前は減る。このことは、その集団が十分な量の食料を見つけるためにはより広い生活圏を移動する必要があり、移動距離が大きくなるにつれて、使われるエネルギーも増え、捕食されるリスクも増えることを意味する。繁殖や外部者の流入によって集団サイズが大きくなっていくと、最適な集団サイズを超える時が当然やってくることになり、分裂することがそれぞれの個体の適応度を上げる。スティーヴンスとプライスは、初期の狩猟採集集団の臨界サイズを40‐60人と見積もっている。ダンバーもヒトの進化における集団力学の重要性を鋭く指摘しているが、彼はこの数を約１００から１５０の間と見積もっている（Dunbar, 1996）。分裂が起こる場合の集団サイズがどの程度かはともかく、スティーヴンスとプライスの主張のポイントは、ひとりのカリスマ的な指導者が自分についてくる者たちの利益を約束し、集団は分裂を余儀なくされるということである。彼らは、最適サイズを超え始めた集団の状態に不満をもっている人たちを従わせ、新しい共同体を形成させるものは、統合失調傾向のパーソナリティの諸症状――認知的不協和、気分の変動、奇妙な信念、幻覚、誇大妄想――である、と主張している。

この仮説の問題点は、検証が非常に難しいことである。カルトの指導者たちが統合失調傾向のパーソナリティの兆候を示しているかどうかを検証することはできても、そういったタイプの人間が私たちの進化の歴史の中で重要な役割をはたしていたということを示すのはきわめて難しい。スティーヴンスとプライスは、遺伝子頻度の変化が集団に寄与するという考え方が、進化生物学では現在一般的でないことを知っている。少数の例外はあるものの、現在支配的なパラダイムによれば、進化は個体だけに利益をもたらし、集団の利益になるような性質は、集団間の競争が個体間競争に比べてあまりに時間がかかるため、進化しそうにない。この議論は複雑であり、今後、進化生物学の領域の中で解決されていくだろうから、ここでは深入りしないことにする。

◆進化精神医学の可能性

精神障害に対する進化論的なアプローチはまだ揺りかごの段階か、よく言ってもせいぜい幼児期の段階にある。とはいえ、この未熟さに対して、現在主流の精神医学も、一貫した証拠と理論の体系にもとづく医学の一専門分野（ないし一連のアプローチ）として確立された域に達しているわけではない。ネシーとウィリアムズは、現代精神医学のほとんどが「精神障害のメカニズムの正常な機能を理解しようとせずに、その原因となっている欠陥だけを見つけようとしている」（Nesse and Williams, 1995, p. 230）として、本末転倒だと批判している。アナロジーとして、彼らは咳の例をあげている。彼らがパロディにしている伝統的な精神医学のアプローチは、医者が咳を記述して、咳を分類し、咳が生じる時にはたらく神経メカニズムを研究し、脳内の咳中枢を突き止めるのに似ている。医者はそれから、コデインのような特定の薬物がどのように咳を抑えるかを観察することに着手し、咳は体内のコデインに似た自然の物質が欠乏した結果ではないかという推測を導き出す。この過程で、咳とは肺や食道や口から異物を排出するための身体の自然な防衛反応であることを知れば、咳というものがなんなのかがもっとはっきりするだろう。もちろんこのアナロジーは単純化しすぎである。しかし、それは、心の理解を進展させる最良の方法が心のデザインの目的を明らかにすることであるという、より一般的な主張の形をとった時には、強力なものになる。この点で、進化心理学には、心理学全体の統一的な基盤を提供するというところまでは行かないにしても、提供できるものがたくさんある。ヒトの心のデザインを理解するというアプローチは、精神障害の分類にも多大な貢献をするだろう。そして、先に述べたＤＳＭの分類システムに対する批判のいくつかを克服するかもしれない。もし、ヒトの心のさまざまなモジュールの適応上の目的が適切に理解されたなら、私たちは、モジュールが機能しないために起こる自閉症のような障害と、モジュールは正確に機能しているが、現在の環境がそのモジュールの進化した過去の環境からあまりにもかけ離れてしまったために生じる障害とを区別することができるだろう。後者の障害は、前の節で論じたように「楽園追放型障害」と呼ぶことができるかもしれない。もしこのアプローチがうまくいくなら、障害と分類される状態のいくつかは、個人の観点から見ると完全に適応的であり、彼らの心的モジュールは自然が意図した通りにはたらいているだけだという、冷酷な見通しに直面しなくてはならないかもしれない。たとえば反社会的な人格障害は、ほかの人を苦しめるが、個人の欲望と繁殖の利益を満足させるという点ではきわめて有効なのかもしれない。これと似たような例として、ある人が罪や自責の念を欠いていたり少なかったりすることは、その個人にとってはまったく適応的なのかもしれないが、社会にとっては問題の種になる。

とはいえ、いまのところ、進化心理学者は、ヒトの性行動の説明では成功しているものの、精神障害についての説明を支える実証的な証拠はわずかしかない。しかも、提唱された仮説はしばしば検証が難しい。このことは仮説が間違っているということではない——説明が正しくても、直接検証するのが難しいこともある——が、より実験的で定量的な証拠が得られるまで、精神障害の進化的説明が一連の空想話でしかないという批判を振り払うのは難しいだろう。

ヒトの心は複雑だ。生物と物質の世界の領域では、物理学、生物学、化学が華々しい成果をあげているが、それに比べて、心理学は自らの研究対象の迷宮に足を踏み入れたばかりである。このような複雑さがあるのは、ヒトの心が巨大な脳の産物だからにほかならない。次の章では、ヒトの脳がこれほど大きくなった理由と、脳の大きさと知能との関係をとりあげよう。

◆まとめ

・なぜ精神障害があるのかをめぐって、数多くの究極的説明や機能的説明が出されてきた。それらは、以下のようなものである。
（1）精神障害は、特別な用途のために進化によって形作られた心的モジュールがうまく機能しないか、生まれながらに欠けている場合に起こる。

（2）精神障害は、私たちのゲノムが現在の環境に適応できないために生じる（「楽園追放仮説」）。

（3）不安過剰と過敏は、私たちが不必要なリスクを確実に回避するための理にかなった適応である（「適応的堅実性仮説」）。

（4）心は、進化を通じて、かつて有害だった刺激に容易に条件づけられるようにあらかじめ準備されている。それゆえ、人はヘビ恐怖症になりやすい。これに対して、今日ほとんどの人にとって電気のコンセントのほうが危険が大きいにもかかわらず、コンセント恐怖症にはならない（「準備性仮説」）。

（5）精神障害は、気質の個人差の一部である。精神障害の人は正規分布の一方の端に位置する（「正規分布説」）。

（6）競争で勝ち目のない人に見られる抑うつは、その集団の安定を保証する（「社会的ホメオスタシス説」あるいは「抑うつの階級説」）。

（7）自殺に至る極度の抑うつは、血縁者の中の遺伝子の生き残りを高めることを確実にする、遺伝子の巧妙な手段かもしれない（「包括適応度説」）。

・双極性うつ病と統合失調症には遺伝的な基盤があるという証拠が数多くある。このような遺伝子がなぜ自然淘汰によって排除されなかったかについてのひとつの説明は、それらの遺伝子をもつ者に（繁殖的適応度の点で）なんらかの利点をもたらしている、というものである。

読書案内

精神障害への進化的アプローチに関する入門書は少ないが、次の本や論文が役に立つ。

Baron-Cohen, S.（1997). *The Maladapted Mind*. Hove, UK: Psychology Press. 序文と1章、4章、12章を参照。

Buss, D.M.（2000). The evolution of happiness. *American Psychologist* **55**: 15-23. ヒトの祖先が暮らしていた環境と現在の環境との違いがいかに不幸感をもたらしうるかを考察している。ヒトが特殊な文脈ではたらくメカニズムをもっているという点から説明を試みている。

Merckelbach, H. and Jong, P. J.（1997). Evolutionary models of phobias. In G.L. Davey（ed.）*Phobias: A Handbook of Theory, Research and Treatment*. Chichester, UK: Wiley. 恐怖症の進化的アプローチが慎重かつ批判的に概説されている。

Nesse, R. M. and Williams, G. C.（1995). *Evolution and Healing*. London: Weidenfeld & Nicolson.（『病気はなぜ、あるのか――進化医学による新しい理解』長谷川眞理子・長谷川寿一・青木千里訳　新曜社　２００１）進化医学と呼ばれる分野全体の読みやすい概説。本章に関係するのは1章、2章、14章。

Pinel, J.P.C., Assanand, S. and Lehman, D.R.（2000). Hunger, eating, and ill health. *American Psychologist* **55**: 1105-1116. 過食や拒食といった摂食障害の進化的基盤を考察した論文。飢えや摂食パターンが進化した過去の環境と現在の環境との違いが摂食障害を引き起こしていると論じている。

Stearns, S. C.（ed.）（1999). *Evolution in Health and Disease*. Oxford: Oxford University Press. １９９７年に

スイスで開かれた学会にもとづいて編まれた本。興味深い知見が紹介されている。この章と直接関係するのは1章、8章、23章である。

Stevens, A. and Price, J. (1996). *Evolutionary Psychiatry*. London: Routledge. 進化精神医学をあつかった数少ない本のひとつ。知識をより深めたい人は必読。1章、2章、3章、5章、8章、13章を参照。

第７章　脳の大きさの進化

◆——自然の中のヒトの位置

明らかにダーウィンは、『種の起源』（１８５９）の中で進化の考えをヒトに適用することには慎重だった。これはおそらく賢明なやり方で、人類の進化を論じようとしたそれ以前の試みに降りかかった痛烈な批判の、少なくとも一部を避けることができた。ダーウィンの著書の意味することは十分明らかだったが、

表7-1　ヒトという種の伝統的分類

界：動物界
門：脊索動物門
綱：哺乳類
目：霊長目
亜目：真猿亜目
上科：ヒト上科
科：ヒト科
属：ヒト属
種：ヒト（ホモ・サピエンス）

神が造りたもうた生物の中でヒトは特別な地位を占めているという考えにまだすがりつく人々にとどめをさしたのは、１８６３年のハクスリーの『自然の中の人間の位置』、そして１８７１年のダーウィン自身の『人間の由来』だった。ヒトはアフリカの類人猿と共通の祖先から生まれたというダーウィンの考えは、その後基本的に正しいことが示された。現在用いられている動物分類の中でヒトがどう位置づけられるかを、表７-１に示す。

生物学者が分類法で用いている名称にあまりたじろがないでほしい。それはただ、生物相互の関係によって生物を階層的に分類するというだけものである。たとえば、同じようなことが自動車でも可能だ。あなたがプジョー２０６、３ドアサルーンＸＬをもっていたとしよう。それは次のように分類できる。

界：機械
門：自己推進機械
綱：燃焼式機械

目：自動車
科：セダン
属：プジョー
種：206、3ドアXL

この生物の分類システムの大きな利点は、適切に分類されていれば、進化的な関係が検証できることだ。現在の分類によれば、私たちは、チンパンジーやゴリラと**ヒト科**の位置を共有している。このことは、ヒト科ということばが厳密には、人間、チンパンジー、ゴリラを含むものとして用いなければならないということを意味する。しかし、以前のシステムの名残り、つまり、「ヒト」ということばが現生人類とその祖先だけを指すのに使われるという慣習は残っている。ここではこの慣習に従おう。しかし、人間は霊長目という目に属しており、本章で霊長類という用語を使う時には、これに人間も含まれるということに注意してほしい。

　明白なことは、現生人類（ホモ・サピエンス）が、ヒト属で残っている唯一の種であることだ。しかし、かつてはホモ・ハビリスとホモ・エレクトゥスのような種も存在した。図7-1に、初期人類の年表を示す。

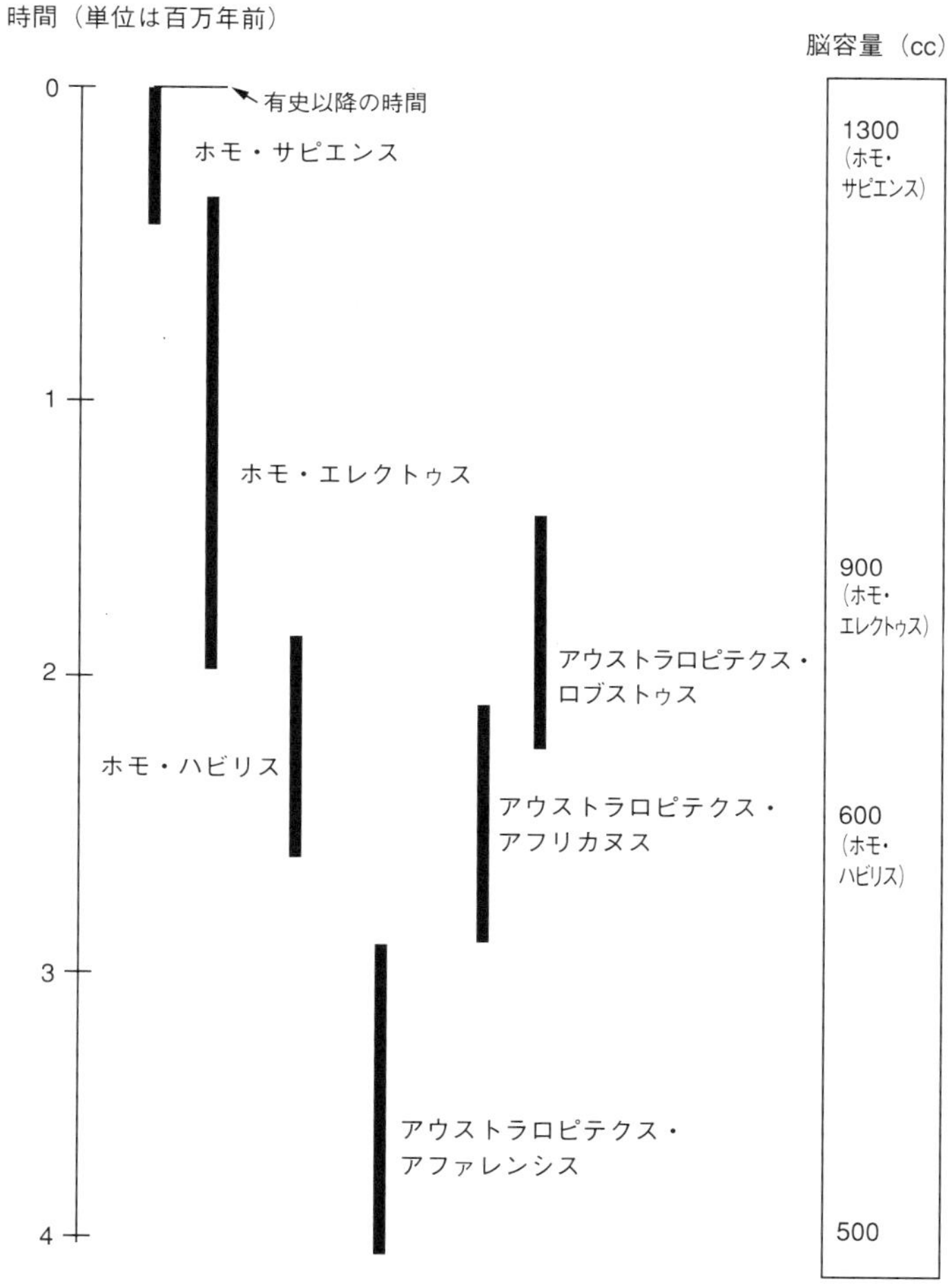

図7－1　初期人類の年表

正確な系統関係（どの種がどの種に由来するか）はまだ不明で議論が多いので，ここには示さない。データの出典はHolloway（1999）による。

◆身体の大きさの重要性

私たちの遠い祖先、**アウストラロピテクス**は小柄で、おとなは立ち上がって約１２０センチほどしかなかったが、ヒトへと進化するにつれて、身体が大きくなった。身体が大きくなったことの影響のひとつは、摂取しなければならないカロリーの絶対量も増えたことだ。大きな身体は、その身体を動かすエネルギーとなる食料をより多く必要とする。初期人類では、探さなくてはならない食物の総量が多くなった結果、行動圏が広くなった。もちろん、これは唯一の選択肢ではない。たとえばゴリラは身体が大きくなったが、木の葉のような低カロリーの食物を大量に食べることに適応するようになった。それには、植物を消化するのに十分な消化管を収める大きな身体が必要だ。これは基本的にウシのような大型草食動物が用いている戦略である。しかし、チンパンジーと初期人類は明らかに高カロリー混合食を選択し、この食物を確保するために知恵を必要とした。またより大きな動物ほど性成熟に時間がかかり、長い養育期間が必要となり、その結果、子どもを作るコストが高くなる。そこで、養育と防衛のために、血縁者集団と大きな社会集団が重要になる（Foley, 1987を参照）。

身体が大きくなることそれ自体は、生態学的要因（たとえば、気候の変化）に対する反応であったのかもしれない。しかしここで重要なのは、それがその動物の生活様式に大きな影響を与え、複雑なフィードバック効果を通して、その動物がさらに別のやり方で適応するように強いるということである。たとえば、大きな動物は、小さな動物よりも体積に対する表面積比が小さい。熱帯気候では、これは過熱という問題を引き起こし、結果的に水への依存度が大きくなる。ヒト属の直立姿勢は、この問題に対する反応であったのかもしれない。というのは、直立の姿勢をとると、太陽の熱射にさらされる表面積が少なくなるからである。そして身体の毛皮を失ったことも、体温調節に役立った。興味深いのは、ヒトには、大型類人猿とちょうど同じくらいの数の毛包があるが、出てくる毛はそれほど長くならないことだ。ここに一見パラドックスがある。ヒトは涼しさを保つために体毛を失ったが、ほかの熱帯の霊長類（ゴリラ、チンパンジー、オランウータン）は、体毛を保持している。事実、体毛を失った熱帯動物は、厚い皮膚をもつゾウやカバのように大型哺乳類である傾向があり、あらゆる点でヒトとはまったく似ていない。しかも、体毛を保持していれば、太陽光線を防ぐのに有効であっただけでなく、北の寒冷地に移っていった時には、身体を保護するのにも役立つことになったはずだ。暑い気候のもとで涼しさを保つためにヒトが体毛を失ったという調子のよい説明は、検証可能な科学的命題というより、都合のよい物語のたぐいであるように思われる。しかし、もっと深く考えてみると、この説明は真実味を帯び始める。熱帯にいるほとんどの肉食獣は、気温が涼しくなる夜明けか夕暮れ、あるいは夜に狩りをする。さらに、多くの哺乳類と同様、ほかの霊長類はほとんど汗をかかない。初期の人類は日中狩りをし、身体を動かした後は私たちのように汗をかきやすかったと思われる。つまり、その筋書きは、暑い気候のもとで日中に活動して発生する熱を放散させるために、ヒトは体毛を失ったというものだ。このプロセスを助けるため、汗腺も進化した。ここで重要で、しかもこの説明と一貫している事実は、ヒトの頭には毛が残っていることだ。その理由はおそらく、脳は身体が休んでいる間も大量のエネルギーを使うが、脳は筋肉ではないので、この部位では身体活動による廃熱が大量には発散されないからだ。したがって、太陽の光から頭を守るには、頭のてっぺんに毛があったほうがよいし、熱が発生する部分は毛がないほうがよい。この体毛の喪失は、私たちの祖先がアフリカから出てやがて北ヨーロッパにたどり着き、一連の氷河期に直面した際、問題となった。しかし、体毛の喪失はアフリカを出る以前に起こり、都合のよいことに、この時には私たちの脳は、道具や衣類や火を使って生き延びる方法を考え出せるほどの大きさになっていた。

しかし、アウストラロピテクスからホモ・サピエンスまでの期間のもっとも顕著な特徴は、脳が身体の増大だけから予測されるよりも大きくなったことである（以下の「脳の大きさとアロメトリー」の節を参照）。これが注目すべきことなのは、私たちの脳は維持するのに高くつく器官だからである。チンパンジーは健康な脳を維持するのに基礎代謝量の８％を使っているのに対し、ヒトの脳は体重の約２％にすぎないにもかかわらず、この値が22％になる。言いかえると、安静時に使う１００カロリーにつき、22カロリーが脳の維持にあてられている。大きな脳ほど、よりよい栄養源を必要とする。明らかに、約２００万年前に脳が最初に大きくなったことは、アウストラロピテクスのほとんど植物中心の食物から、ホモ・ハビリスに見られる、肉の比率の高い食物への転換と関係しているように思われる。この関係は、肉食が要求する知的能力（狩りと食物の加工）が脳の大きさの増大を刺激した、あるいはほかのいくつかの要因が脳の大きさを押し上げ、より大きな脳に栄養を与える手段としてヒトを肉食にしたことを暗示している。

脳の大きさと出産のリスク

ヒトの脳が急速に大きくなったことの原因は、いまもヒトの進化におけるもっとも議論の多いテーマのひとつである。原因はともかく、脳の大きさの増大は初期人類に少なくとも2つの問題をもたらした。すなわち、エネルギーの点で高くつく神経組織を支えるのに十分な栄養をどうやって確保するか、そして大きな頭をもつ赤ちゃんをどうやって出産するか、である。先に述べたように、第一の問題は約200万年前に食生活が肉を食べるように変わったことによって、おそらく解決された。第二の問題は、すべての赤ちゃんが未成熟で生まれることによって、実質的に解決された。大きな脳の赤ちゃんを産道を通して出すためのひとつの方法は、出生後も脳が成長し続けるようにすることである。ヒト以外の霊長類では、出生後、脳の成長速度は身体の成長に比べると遅くなる。これらの霊長類の母親にとって、出産はかなり楽で、通常数分程度で終わる。ヒトの母親は数時間におよぶ陣痛に苦しみ、乳児の脳は約13か月間、出生前と同じ速度で成長し続ける。脳重量の発達の点から言えば、もし私たちがほかの霊長類のようであったら、ヒトの妊娠期間は約21か月になるだろう。この時までに胎児の頭は、産道を通過するには大きくなりすぎてしまう。ほかの多くの場合と同じように、自然淘汰は二足歩行（移動を容易にするには骨盤が小さいほうがよい）の利点と、出産にともなう母子のリスク双方の間で妥協を強いてきた。ヒトの赤ちゃんは、そうした妥協の結果、マイナス12か月の月足らずの状態で生まれる。

脳の大きさと配偶行動

ヒトの新生児は未熟状態で生まれるので、その支援のために、ヒトは、その遠い祖先、アウストラロピテクスの単雄集団とは違った社会システムが必要だった。脳が大きくなるにつれて、子どもはますます親の世話に依存するようになった。女性は、男性からの保護を得るのを確実にする方略を用いただろう。これが一夫一妻の配偶パターンを生じやすくしたのだろう。というのは、男性ひとりで、多くの女性の必要とする保護や世話を提供するのは不可能だからである。アウストラロピテクスの時代には、身体の大きさの性的二型の程度は、男性が女性よりも50%ほど大きいこともあった。この二型はおそらく、かなりの大きさのハーレムの支配をめぐって男性どうしが争うという性内淘汰によって形成された。ホモ・サピエンスの時代までに、身体の大きさの違いは10‐20%まで減少したが、これは一夫多妻制から一夫一妻制に移行したことを示している。ひとつの可能性は、女性が排卵を隠すように進化して子どもに対する男性の世話と食料の供給を確実に手に入れられるようにした、ということである。女性が性的にいつでも受け入れ可能であることと性交1回あたりの妊娠の可能性が低いことが、男性をつねに注意深くさせたのかもしれない。しかし、チンパンジーのようなほかの霊長類が外から見てわかる排卵の信号をもち続けているのに、なぜヒトの女性は進化の過程でそれを失ってしまったのかは、難しい問題である。いろいろな説があるが、性的な駆け引きの進化ゲームにおいて、排卵を隠すのが女性の戦略であったという可能性が強まりつつある（Diamond, 1997）。

◆脳の大きさとアロメトリー——ヒトの場合

19世紀にダーウィンをはじめとする研究者がほかの霊長類から私たちの祖先への足どりをたどって以来、ヒトの脳のどの側面がヒトの独自の特性をもたらしているかを明らかにしようとする、数多くの試みがなされてきた。私たちは単純にほかの哺乳類よりも大きな脳をもっていると考えたい誘惑にかられるが、証拠を一瞥しただけで、そうではないことがわかる。ゾウは私たちの4倍の大きさの脳をもっているし、クジラの中には私たちの5倍の脳をもつ種もある。もちろん、このこと——身体が大きくなるほどそれを操るのに大きな脳が必要である——は当然予想されることだ。次のステップは哺乳類の脳の相対的な大きさ（すなわち、脳重量／体重）を比較することだろう。しかし、結果はぱっとしない。今度は、コビトキツネザルのような小型霊長類が3％という値になり、2％の値の私たちは大差で負ける。

しかし、**アロメトリー（相対成長）**という現象から、ある洞察が得られる。すなわち、生物は大きさが増大するにともない、手足や内臓のような部分が体重や体積に比例して大きくなるわけではない。もしネズミをゾウの大きさに単純に拡大するなら、その脚は、ゾウの脚よりも、身体に比較して細くなってしまう。脳と身体の大きさの関係については、哺乳類の場合大変うまくいく公式がある（上に示す）。

$$\text{脳重量} = C \times (\text{体重})^{k}$$

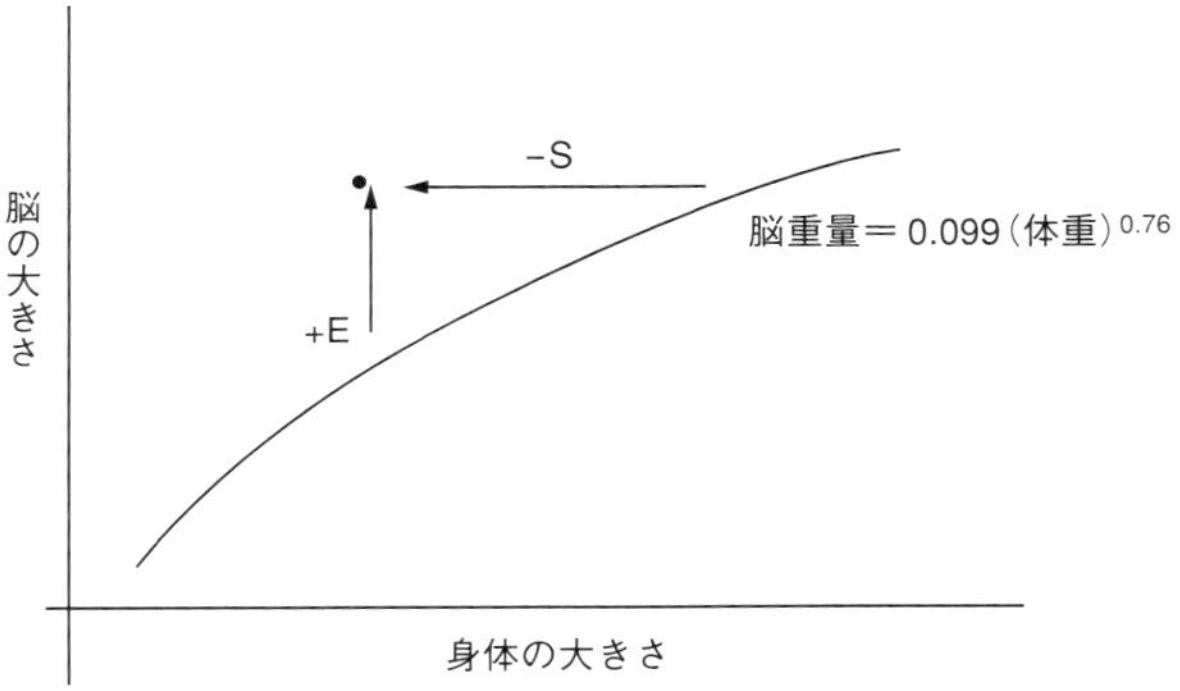

図7‐2　哺乳類における身体の大きさと脳の大きさの関係

曲線よりも上の位置にある動物は，脳化している（すなわち，同じ体重の動物に予想されるよりも大きな脳をもっている）と言われる。これは，脳が相対的に大きくなった結果（プラスの脳化：+E）か，あるいは脳重量に対して身体が小さくなった結果（身体の小型化：−S）である（Deacon, 1997を参照）。

ここでCとkは定数であり、定数Cは、1gの重さの仮説的動物（成体）の脳重量を表わす。定数kは、脳が身体の大きさの増加にどのように比例するかを示す定数であり、動物の**分類学**上のグループによって異なる。この公式を導いた先駆的研究は、ジェリソンによって行なわれた（Jerison, 1973）。彼は、哺乳類全体ではkが約0・67、Cが約0・12だと結論した。これら定数の正確な値については多くの議論があり、kは霊長類の中ですら0・66から0・88とさまざまである。ジェリソンの研究をその後改訂したものでは、霊長類についてkは0・76、Cは約0・099とされている（Holloway, 1999）。

哺乳類について体重に対する脳重量を直線スケール上にプロットしてグラフにすると、脳の大きさが身体の大きさに比べてゆっくりと増大することを示す曲線になる（図7‐2）。

公式の両側に対数をとれば、図7‐3のように直線

$$\log(\text{脳重量}) = 0.76\log(\text{体重}) + \log 0.099$$

すなわち

$$\log(\text{脳重量}) = \log\left[0.099 \times (\text{体重})^{0.76}\right]$$

したがって

$$\text{脳重量} = 0.099 \times (\text{体重})^{0.76}$$

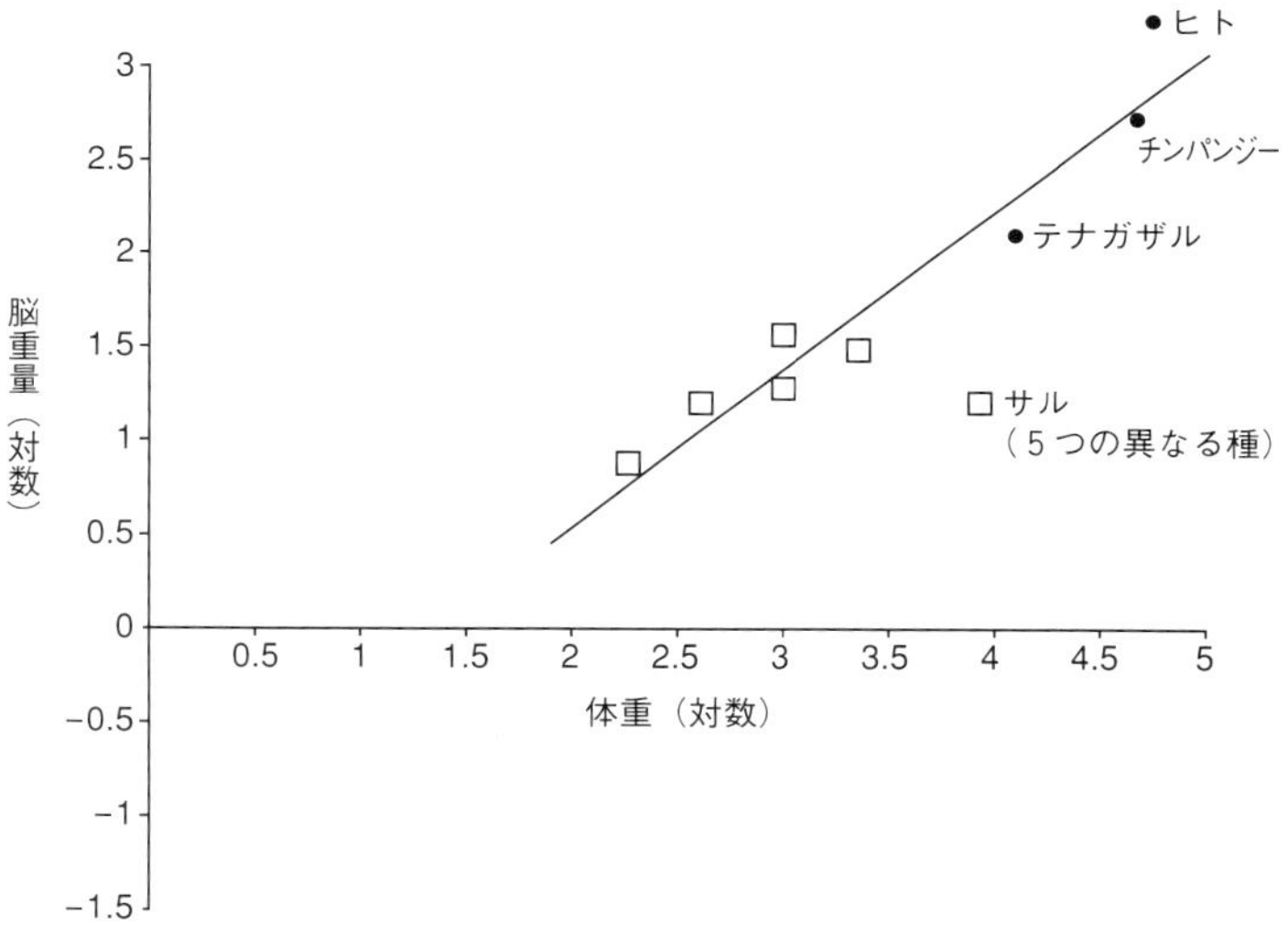

図7-3　身体の大きさと脳の大きさの関係（目盛りは両軸とも対数）
もっともあてはまりのよい直線は，log（脳重量）＝ 0.76 log（体重）＋ log 0.099，すなわち脳重量＝ 0.099 ×（体重）$^{0.76}$ である。

のグラフになり、公式はグラフの上に示したようになる。

この式ではすべての重量はグラムで表示されなければならないことに注意しよう。脳の大きさと身体の大きさの対数プロット（対数目盛り上のプロット）は、傾き０・76の直線になる（図７‐３）。

ここで数学にひるまないでほしい。理解すべきポイントは、私たちがヒトと同じ大きさの哺乳類で予想されるよりも大きな脳をもっているということだ。つまり、図７‐３は、なにがヒトをこれほど特別なものにしているかを示す出発点になる。私たちは、霊長類の体重と脳重量とを関係づけるアロメトリー直線よりもかなり上に位置する。もし、ヒトの典型的な体重として６５０００ｇという値を式に代入すれば、脳は約７８０ｇの重さになる。実際の値は約１３３０ｇである。私たちの脳は、一般的な霊長類の体重から予想される大きさの約2倍なのだ。

◆ヒトの祖先の脳

私たちの初期の祖先がどれぐらいの大きさの脳をもっていたかは、化石頭蓋骨の頭蓋腔の鋳型をとることでかなり正確に推定できる。この方法では、頭蓋骨を液状ゴムなどの物質で満たし、それをとり出して容積を測定する。これらの鋳型の細部（脳のしわの証拠など）の解釈をめぐっては議論があるものの、一般的傾向については見解が一致している。すなわち、約２００万年前にヒト科の脳は急速な増大の途上にあった（図７‐４）。アウストラロピテクスは同じ身長の典型的霊長類から予測される大きさの脳をもっ

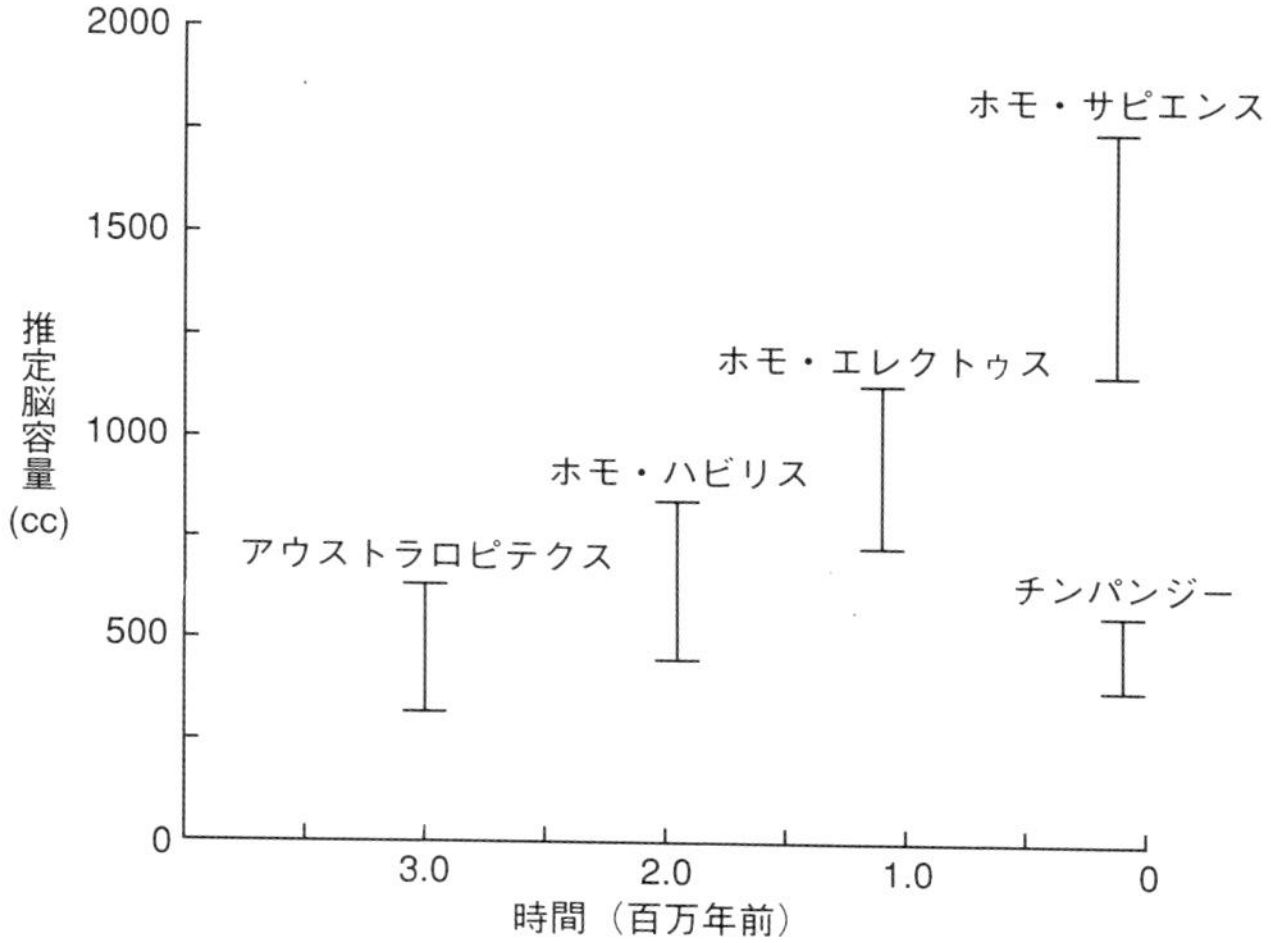

図7 - 4　ヒトの進化と脳容量の変化
この400万年の間に，体重も増加したが，脳容量の増加に比べ上昇率が小さいことに注意。ディーコンの「ヒトの脳」（Jones, S. *et al*. eds. *The Cambridge Encyclopaedia of Human Evolution*, 1992, Cambridge University Press）による。

ていたが、現在、ホモ・サピエンスは同じ体つきの霊長類の2倍以上の大きさの脳をもっている。アロメトリー直線からの脳の大きさの逸脱は、脳化指数（encephalisation quotient: EQ）として知られている。類人猿と初期人類のEQを表7 - 2に示す。

知能を推定する際に、脳化という概念にどの程度重きをおけばよいかの判断は難しい。ひとつの理由は、脳化指数との間に単純な関係を仮定するには、知能があまりに複雑すぎると思われることだ。ディーコンが「チワワの誤り」と呼んだ例がこのことをよく示している（Deacon, 1997）。チワワやペキニーズのような小型犬は、脳化指数が高い。すなわち、身体の大きさから予測されるよりもかなり大きな脳をもっている。その理由は、これらの小型犬は身体の大き

表7-2　類人猿とヒトの体重，脳重量と脳化指数（EQ）

種	体重（g）	脳重量（g）	EQ^A
オランウータン	53,000	413	1.07
ゴリラ	126,500	506	0.68
チンパンジー	36,350	410	1.41
ホモ・ハビリス	40,500	631	2.00
ホモ・エレクトゥス	58,600	826	1.98
ホモ・サピエンス	65,000	1,330	2.95

データはBoaz and Almquist（1997）およびほかの研究による。

$$EQ^A = \frac{\text{実際の脳重量}}{0.099 \times (\text{体重})^{0.76}\text{によって得られる脳重量の予測}}$$

さが小さくなるように計画的に交配されて作られたのだが、脳の大きさは変化しにくいので、小型犬を作る品種改良計画は、小型犬を相対的に大きな脳をもったままにしてしまうということである。ヒトの場合、小人症もＥＱを高める。これら２つの状態を説明するもっともよい方法は、身体の小型化の概念を使うことである（図７-２）。注目すべき点は、小人症の人やチワワは、ふつうの大きさの人間やイヌと比較して際立って知能が高いわけではない、ということだ。証拠を概観してディーコンは、ヒトのＥＱが高いのは身体の小型化の結果ではないと結論している。実際、化石の資料は、人類の身体の大きさがこの４００万年間を通じて増加の一途をたどってきたことを示している。

ヒトの知能の謎は、ヒトにもっとも近縁の種（類人猿）と比較することによってある程度明らかになる。もっとも近縁とは、私たちがもっとも最近まで共通の祖先をもっていたという意味である。私たちはチンパンジーと約６００万年前に、そしてサルとは約２６００万年前に共通の祖先をもっていたから、私たちはサルよりもチンパンジーと近縁だということになる（図４-２）。図

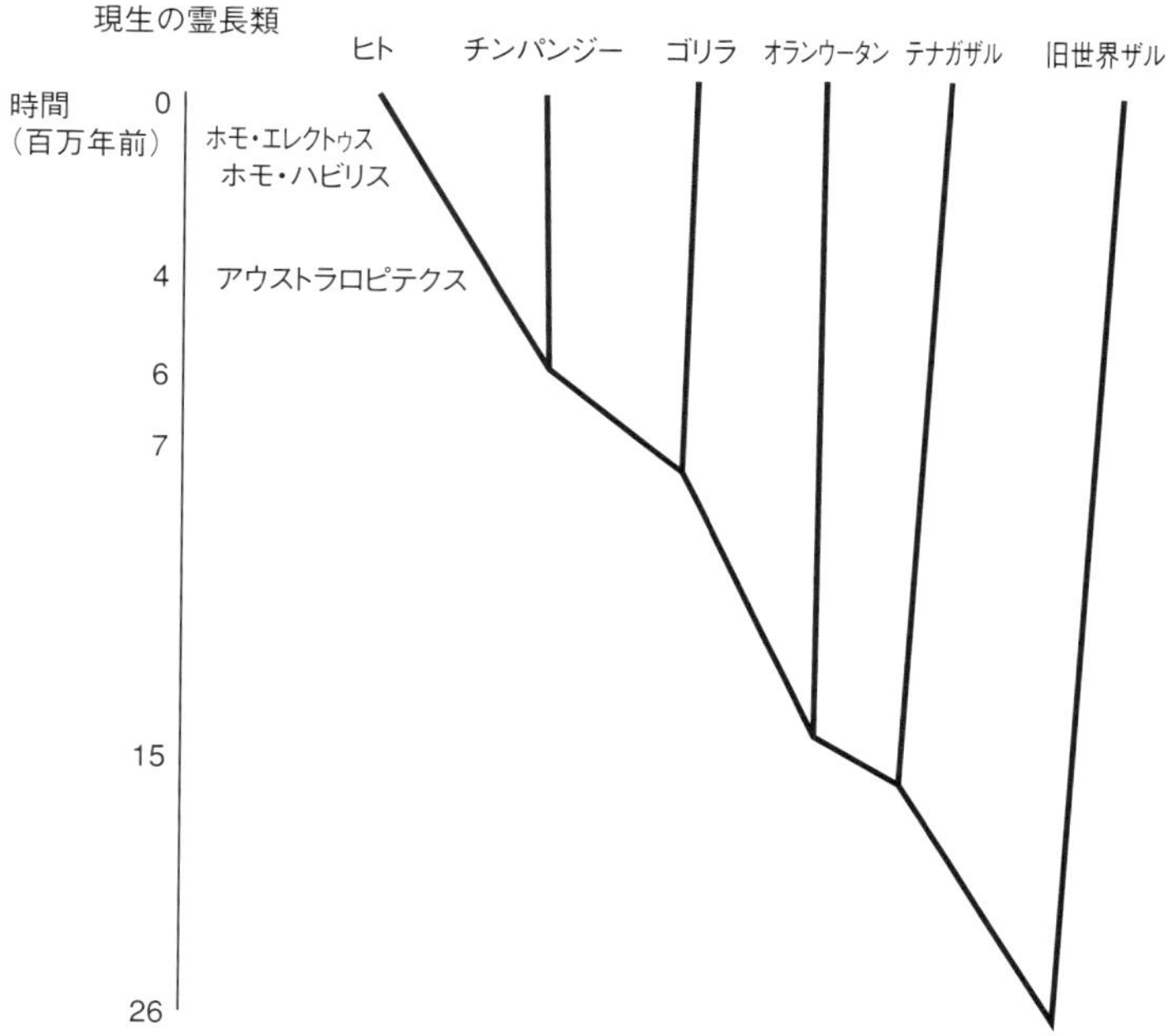

図7-5　ヒトとほかの霊長類の系統樹
ヒトにもっとも近縁の現生種はチンパンジーだということがわかる。

７-５はこれを示している。

ＥＱの計算法とその解釈についてはさまざまな議論があるが、どのような測度や計算式が用いられようとも、ヒトはつねにトップになる。私たちは図７-５に示したように、かつて類人猿と共通の祖先をもっていたが、脳の大きさという点で、類人猿を数百万年前に抜き去った。このことは人間の虚栄心を満足させるかもしれないが、脳というコストもリスクも高い器官がなぜこれほどの大きさに進化しなければならなかったのかは、説明する必要がある。これには実は２つの問題が存在しており、第一の問題に答えることが第二の問題を考える助けになる。第一は、なぜ霊長類の脳がほかの哺乳類よりも大きな脳に進化したかであり、第二は、なぜ私たちの祖先では脳の大きさがほかの典型的な霊長類以上に大きくなったのかである。次の章では、これらの問題について考える。

◆まとめ

・現在用いられている分類法では、ヒトはチンパンジーやゴリラとともに霊長目ヒト科に位置づけられている。

・ヒトは、同じ身体の大きさの霊長類から予測されるよりも大きな脳をもっている。これは、脳化指数として表わすことができる。

・脳の大きさは、ここ４００万年間にわたり、ヒトの系統では劇的に大きくなった。

・大きな脳の代謝の必要性、ヒトの赤ん坊が未熟な状態で生まれなければならないこと、その結果長期間子どもの世話をしなければならないことが、**進化的適応環境（ＥＥＡ）**において、私たちの祖先に一夫一妻の性的関係をとらせるようにしたのだろう。

読書案内

Jones, S., Martin, R. and Pilbeam, D. (eds.)（1992）. *The Cambridge Encyclopaedia of Human Evolution.* Cambridge, UK: Cambridge University Press. 大勢の専門家が執筆している。図版と図解を用いて詳細に解説しており、ヒトと霊長類の進化の比較が秀逸。

第8章　知能の進化

◆霊長類の知能の起源

知能は確かに生き残る上で役に立つが、注意すべきは、大きな脳が知能を生み出すと単純には言えないということである。もし単純にそうなら、あらゆる生き物が大きな脳をもっているはずだ。これには、なぜ約３００万年前にほんの数種の霊長類が脳容量を急激に増加させ、飛び抜けて大きな脳をもつようになったかを理解する必要がある。この理解に向けて、まず霊長類の知能を検討することから始めよう。なぜ霊長類は哺乳類の中で格段に知能が高いのだろうか？　この問題に答えている有名な仮説が、現在2つある。ひとつは、食料を得るために必要な心的能力の点で、霊長類の環境が特別な問題を課している、というものである。もうひとつは、霊長類の集団生活がかなりの知的能力と敏捷さを必要とするというものである。それぞれの仮説のもとにある論理を順に紹介し、これらの仮説やそのほかの仮説がどのように検証できるかを考えてみよう。

環境的要因——食料採取と霊長類の知能

ウマとウシは知能がそう高くない。生活する上で、彼らは知能が高い必要はない。牧草のような低カロリー食のため、これらを採集するのに知能は要求されない。彼らに必要なのは、セルロースの分解を助けるバクテリアのいる大きな消化管である。そして、草をはむことに相当な時間を費やさなければならない。大型類人猿は例外だが、ほとんどの霊長類は小さすぎて大量のセルロースを発酵させるだけの消化管をもてず、その代わり、より多様な食料を探し出すように進化した。実際、ほかの多くの動物種は特殊化していない草食動物であり、バランスのとれた食料を獲得するために知能が重要な役割をはたすのは、少なくとも一部の種のみである。

食料の獲得は、次の一連の段階に分解できる。

・移動
・識別
・採取

果物のような高カロリー食に依存する霊長類の場合、森林の広大な地域内で旬の果物の実った樹木は、わずか数本かもしれない。それらがどこにあるかを記憶するのは難しいことだが、数多くの証拠によれば、霊長類は果実の場所や近道や迂回路の記憶を助ける認知地図をもっている（Garber, 1989）。食物を識別するにはすぐれた知覚システムが必要であり、ほかの多くの哺乳類と違い、霊長類がすぐれた色覚をもっていることは重要である。食料の採取も多くのことを必要とする。ヒト以外の霊長類の中では、チンパンジーだけが、アリを釣るために自分で加工した小枝や、木の実を割るために石を用いるというように、食料採取のための道具を日常的に使う。手に入る食物は、空間的にも時間的にも分散している。栄養のある芽、若葉や熟した果実が得られるのは、植物の種類ごとにごく短い期間に限られる。大型の霊長類は、1種か2種の植物だけに依存するというわけにはいかない。食物の季節性とあわせて、このことは高い知能を必要とする。

社会的要因――マキャヴェリ的知能と心の理論

近年、脳の大きさを押し上げてきたのが社会の課す要求だということを示唆する仮説がいくつか現われた。これらの仮説は、ホワイトゥンとバーンが**マキャヴェリ的知能**（ルネッサンスの政治家にして著述家だったニッコロ・デイ・マキャヴェリにちなむ）と呼ぶ仮説としてまとめられることが多い（Whiten and Byrne, 1988）。マキャヴェリ的知能仮説は、要するに、霊長類の知能は、個体がだましやごまかしやいかさまによって、集団の疑念を引き起こさずに利益を得るためにある、というものである。人間の政治との類似性は明らかである。やり手で、冷笑的で、堕落した政治家は、人々のためと見せかけ、地位を利用して自分のためになることをする。

マキャヴェリ的知能仮説に関連して、最近、他者をあざむく能力をもつ動物がいることを示す証拠が集まり始めている。それは知的にすばらしいことのようには思えないかもしれないが、動物界ではヒトと2、3種の霊長類しかこの能力を備えていないようだ。ある個体がほかの個体をだますには、ほかの個体に世界がどのように見えるのかを理解する必要性、言いかえると、他者の見方がわかる必要があるから、だましはある程度の脳の力量を必要とする。他者の心を理解し、他者がそれぞれ視点や興味や信念をもっていることがわかることは、「心の理論」と呼ばれている。

心の理論という用語は最初、チンパンジーがほかの個体の意図がわからないと解けない課題を解決できることが判明した時に、霊長類学者が用いたものである。他者の心についてのこの認識は、**内包性**の次元という点から考えることができる。チューリップの内包性はおそらくゼロ次元である。それは私たちに向かってかわいらしい花を揺らしてみせるが、自分の存在に気づいていない、つまりそこにはだれもいない。自意識は、一次の内包性を示している。二次の内包性は、自意識、および、他者が自分と同じく自意識をもっていることの理解を含んでいる。ここからさらに複雑になる。「私は考える」が一次、「あなたが考えると私は思う」が二次、「私が考えているとあなたは思っている、と私は思う」というのが三次、といった具合だ。子どもは3歳から4歳の頃に二次の内包性を獲得する。ほとんどのおとなは、おおよそ五次ないし六次の内包性まではわかるが、それ以上だと、だれがなにを考えているのかわからなくなる。「はじめて人をだまそうとしたら、なんだってこんなにこんがらがった話になっちまうんだ」〔訳注——イギリスの作家、ウォルター・スコットのことば〕という台詞もうなづける。

植物と機械の内包性はゼロ次元だと結論づけるのは容易だが、どのような動物が自意識、すなわち一次の内包性をもっているのかを決めるのは難しい。1910年代にワトソンが創始し、1950年代にスキナーが発展させた心理学の一学派である**行動主義**は、心理学者は内省報告や進化的起源などをあつかうのではなく、外に表われた行動に焦点をあてなければならないと考え、あらゆる動物を機械のようなもので、ゼロ次の内包性をもつものとしてあつかった。このアプローチは人間に適用されたこともあったが、その成果は限られていた。

重要なのは、ヒト以外の霊長類がもっている内包性は一次なのか二次なのかという問題である。バーンとホワイトゥンは、観察的な証拠にもとづいて、意図的で戦術的なだましを行なう動物は、チンパンジー、オランウータン、ゴリラだけであると結論づけた。言いかえると、これらの類人猿だけが、ほかの個体の心を操作して誤った信念をもたせる能力（これには二次の内包性が必要だ）をもっている（Byrne, 1995）。

霊長類とヒトになぜ高い知能が発達したのかを説明するのが、社会的複雑性仮説である。霊長類の複雑な社会生活は、自分の利益を高めるために自分自身の心と他者の心を理解する必要性を生じさせた。これが霊長類の繁殖成功にとってしだいに重要になってくるにつれ、脳が大きくなっていった。しかし、霊長類の社会の研究に対して期待をもつのはよいが、心にとめておかなければならないのは、一部の霊長類が二次の内包性を備えているという考え方にすべての研究者が納得しているわけでないということである。たとえば、トマセロとコールは、「ヒト以外の霊長類がほかの個体の意図あるいは心的状態を理解しているという確実な証拠は、存在しない」（Tomasello and Call, 1997, p.340）と結論づけている。

しかし、これらの留保は、社会的複雑性仮説全体の説得力を弱めるものではない。チンパンジーが複雑な社会の中で生きていくために用いる手段がどのようなものであれ、明らかなのは、集団で生活することが食物を見つけ生き残るのに必要な能力に加え、高度な認知能力を必要とする、ということである。これら2つの要因、すなわち環境と社会という要因は、ヒトの知能の増大と不可分に結びついている。この2つの仮説の対立する主張を検証した最近の研究によると、一組の要因が決定的に重要だった可能性が示唆されている。次にこの問題を検討しよう。

◆――食物か社会か――仮説の検証

方法論の問題

脳の巨大化に関するこれらの2つの競合する仮説を検討するには、次の3つのものを測るなんらかの方法が必要である。

1　食料採取の方略の違いに関連する、環境の複雑さの程度
2　集団の規模と集団力学によって決まる、社会の複雑さの程度
3　食料を採取する種の知能の高さと、集団生活する種の知能の高さ

これらを測定するには、いろいろと問題がある。以下のような仮定を心にとめておく必要がある。

環境の複雑さを測る

採食に関わる認知的要求は、食物の種類、その食物の時間的・空間的分布、見分けやすさ、そして食べるために必要な加工に関係している。

社会的複雑さを測る

集団の社会的複雑さは、ある程度その集団の平均的な規模によって示される。つまり、集団が大きくなるほど、マキャヴェリ的な策略を警戒し、考えに入れるべき関係が多くなる。また、集団の規模を測ることもそれほど難しくはなく、かなりの種類の霊長類について、信頼できるデータがある。しかし、社会の複雑さは集団の規模と直線的に比例するわけではないから、注意が必要である。

知能を測る

動物の知能を評価するのは難しい。動物を人間に見立て、人間の側で賢さを測るものとして設定した課題をどれほどうまくこなせるかで動物の賢さを測ることもできるが、これではあまりに安直である。人間でも、公平で文化のバイアスのない知能テストの作成をめぐっては論争がある。したがって、「種に公平な」行動上の知能テストはどのようなものがよいかについて合意がないのも、驚くにあたらない。

知的行動を測定し解釈するという問題を考えるにあたって、ここでは間接的な方法をとろう。実際、霊長類の高い知能は、哺乳類の体重と脳重量のアロメトリー直線（EQ、第7章参照）の上側に逸脱していることと関連があると結論づけた時、私たちはすでにこの方法を用いていた。

脳の大きさと霊長類の食料

霊長類は、種によって、食行動と生息環境に違いがあり、もし食料採取と知能を結びつけることが正しいなら、当然、（空間的・時間的に）まばらに点在する食料源に依存する霊長類の種は、比較的均一に存在する食料源にだけ頼る種に比べて脳がよく発達しているに違いない。ミルトンは、このアイデアを2つの対照的な種、ホエザルとクモザルで検証した（Milton, 1988）。この2つの種はどちらも葉と果実を食べるが、ホエザルはクモザルよりも葉を食べ、一方、クモザルはホエザルよりも果実を食べる。このため、クモザルはホエザルの25倍の広さの食糧供給面積をもつ必要がある。

表 8-1　ホエザルとクモザルの脳重量の比較

種	体重（kg）	脳重量（g）	EQ
ホエザル	6.2	50.3	0.66
クモザル	7.6	107.0	1.20

データは Milton（1988）による。EQ は第 7 章で紹介した公式によって算出。

これら２つの種を比較すると、クモザルがホエザルよりも知能が高いことを示す特徴がいくつかある。クモザルは、社会行動がかなり複雑であり、表情もホエザルより豊かである。おそらくより決定的なのは、これら２つの種の脳重量が顕著に違うことだ（表８-１）。

表８-１は、体重を考慮しても（ＥＱ値を用いても）、クモザルはホエザルの２倍の脳重量があることを示している。

ミルトンは全般に、霊長類の知能が社会の複雑さに関係しているという考え方に懐疑的である。

> 霊長類、小型哺乳類、コウモリ、海棲哺乳類のデータは、食料（そして食料を得ることに関係した複雑さ）が脳の相対的大きさと関連することを示している。一方、社会システムや繁殖システムが脳の大きさに同様の効果をもっているという考えを支持する証拠は、ほとんどない。(Milton, 1988, p.298)

知能と新皮質

これまでは、霊長類の種のＥＱを計算するために、身体に対して脳の大きさの比をとるというおおざっぱな指標を用いてきた。その基礎には、ＥＱは知能と直接関

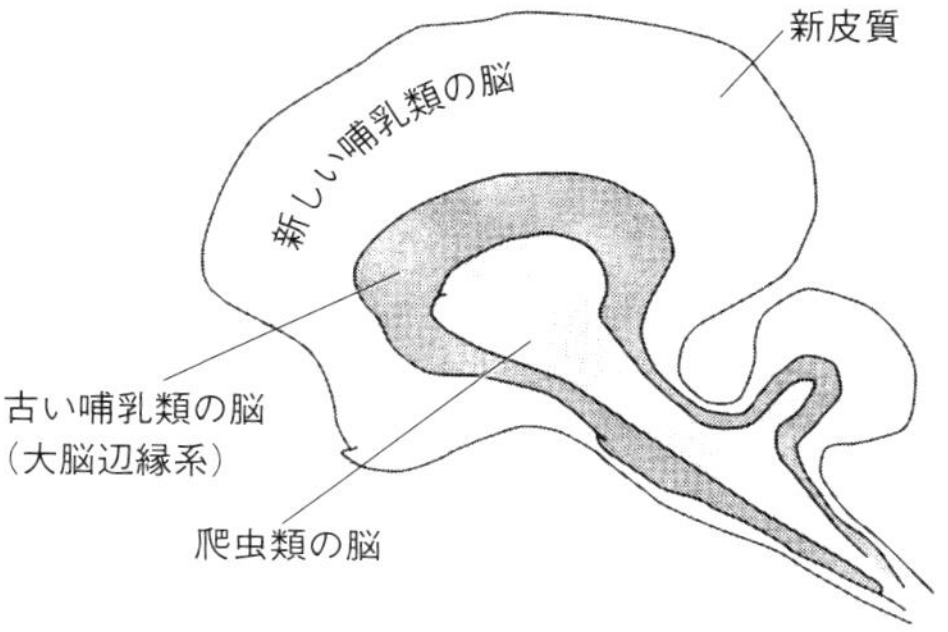

図８‐１　マクリーンの脳の三位一体モデル（MacLean, 1972）

係しているという仮定があった。ＥＱは、明らかに単純な脳重量より指標としてすぐれているが、脳の形状や構造の違いを考慮に入れていない。実際、ＥＱ値によって表わされる身体に対する脳の大きさは、動物の知能の粗い指標でしかなく、できればより精密な指標を用いたい。

１９７０年頃、マクリーンは、ヒトの脳は３つの主要部分に分けることができると主張した。ひとつめは爬虫類である祖先から私たちが受け継いだ中心にある原始的な脳、２つめは身体機能の統合と感覚に関わる領域を含む中間部、そして３つめは哺乳類に特徴的な外側の層、すなわち皮質である（図８‐１）。「皮質（cortex）」ということばはラテン語の樹皮に由来し、それは大脳全体にかかったシート状の、しわの寄った外層である。その大部分は神経の細胞体で構成されており、灰色をしている。それゆえ、下にある白質と区別するために、「灰白質」とも呼ばれる。霊長類以外の哺乳類では、皮質は脳全体の約35％を占める。霊長類では、この割合は約50％（小型のサル）から約80％（ヒト）にもなる。動物の知能のある程度客観的な指標を探すなら、注目すべきはこの皮質だろう。

- **爬虫類の脳**（中心部）――基本的欲求や反復的で儀式的な行動を受けもつ脳領域。階層を形成する「生得的な」傾向にも関わっている。また、学習された行動の記憶にも関与することがある。
- **古い哺乳類の脳**（**大脳辺縁系**）――闘争、採食、防衛、社会性、子どもに対する愛情に関わる多くの脳領域を含む。
- **新しい哺乳類の脳**（**新皮質**）――比較的最近に進化をとげた脳領域。発達した新皮質は高等な哺乳類だけに見られる。目、耳、体表からの情報を受けとる。高次の心的機能を受けもち、霊長類、とくにヒトで発達している。

環境的・社会的複雑さと新皮質の大きさ

マクリーンのモデルは明らかに単純化しすぎているが、もし意識と思考に関与する脳の高度な領域が新皮質だとするなら、この部位は、ヒトやほかの霊長類において知能の増加の原動力となったあらゆる特徴と関連しているに違いない。

これらの競合する理論を検証するために、リヴァプール大学のロビン・ダンバーは、新皮質とそれ以外の脳領域との重量比を環境の複雑さのさまざまな測度や集団の規模についてプロットした（Dunbar, 1993）。結果は一目瞭然だった。新皮質の重量と環境の複雑さとの間に相関はなかったが、新皮質の大きさと集団

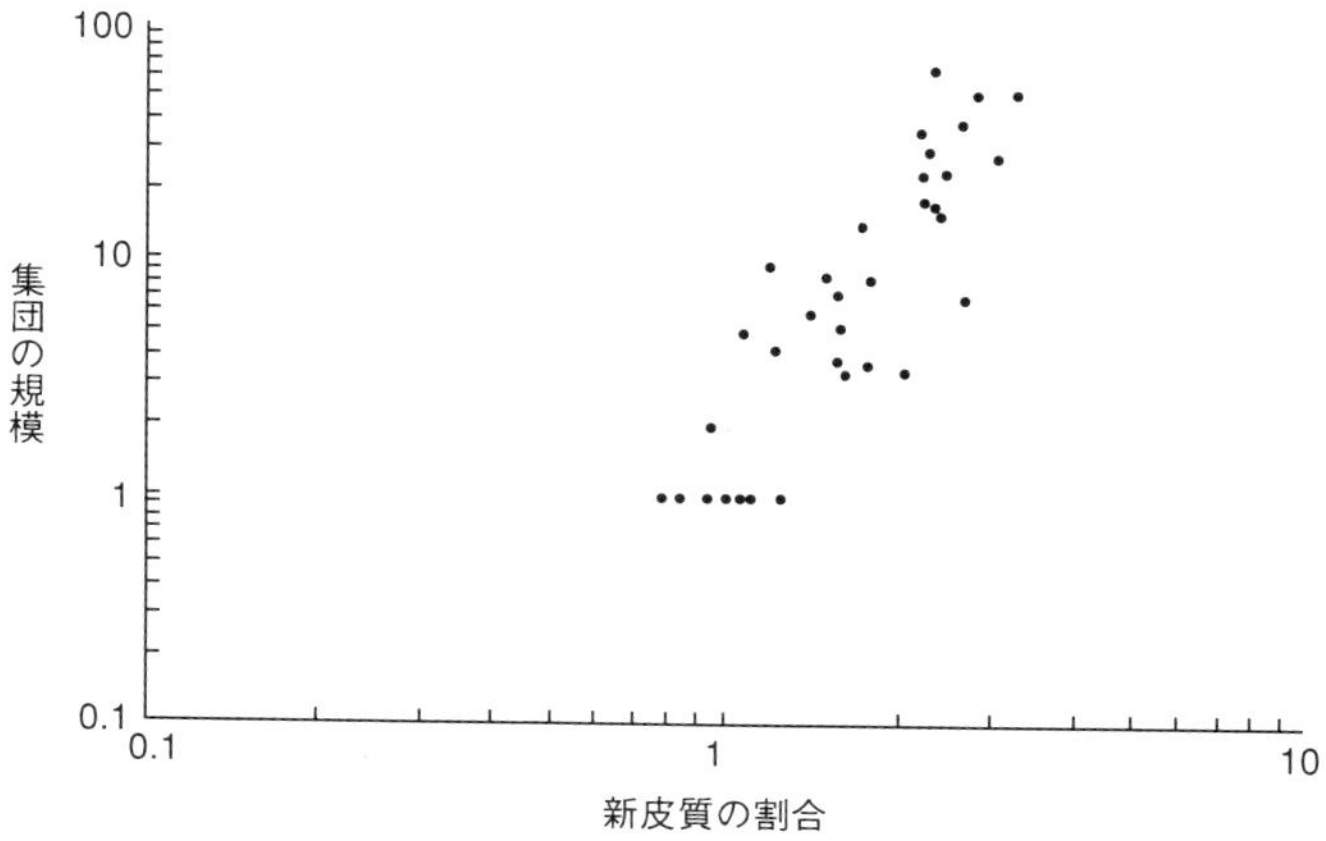

図8 - 2　さまざまな霊長類の種における新皮質の割合と集団の規模の関係
ダンバー「ヒトにおける新皮質の大きさ，集団の規模と言語の共進化」（*Behavioural and Brain Sciences,* 1993）より。Cambridge University Press の許可を得て転載。

の規模には強い相関があった（図8 - 2）。もちろん、これは相関でしかない。新皮質が大きくなると集団の規模も大きくなるという事実は、それだけでは一方が他方の原因になっているとは言えない。この段階で言えることは、ここで得られた結果が、ヒト科やほかの霊長類の脳の増大を引き起こしたのは集団生活の要求だとする考え方に合う、ということである。

新皮質と知能

図8 - 2に見られる相関によると、マキャヴェリ的知能仮説が有望であるように思われるが、新皮質の重量は知能の間接的な指標でしかない。バーンとホワイトゥンは、新皮質の割合がマキャヴェリ的知能と相関するかどうかをもっと直接的な方法で明らかにするために、マキャヴェリ的知能が使われている実際の行動の観察例を集めた。も

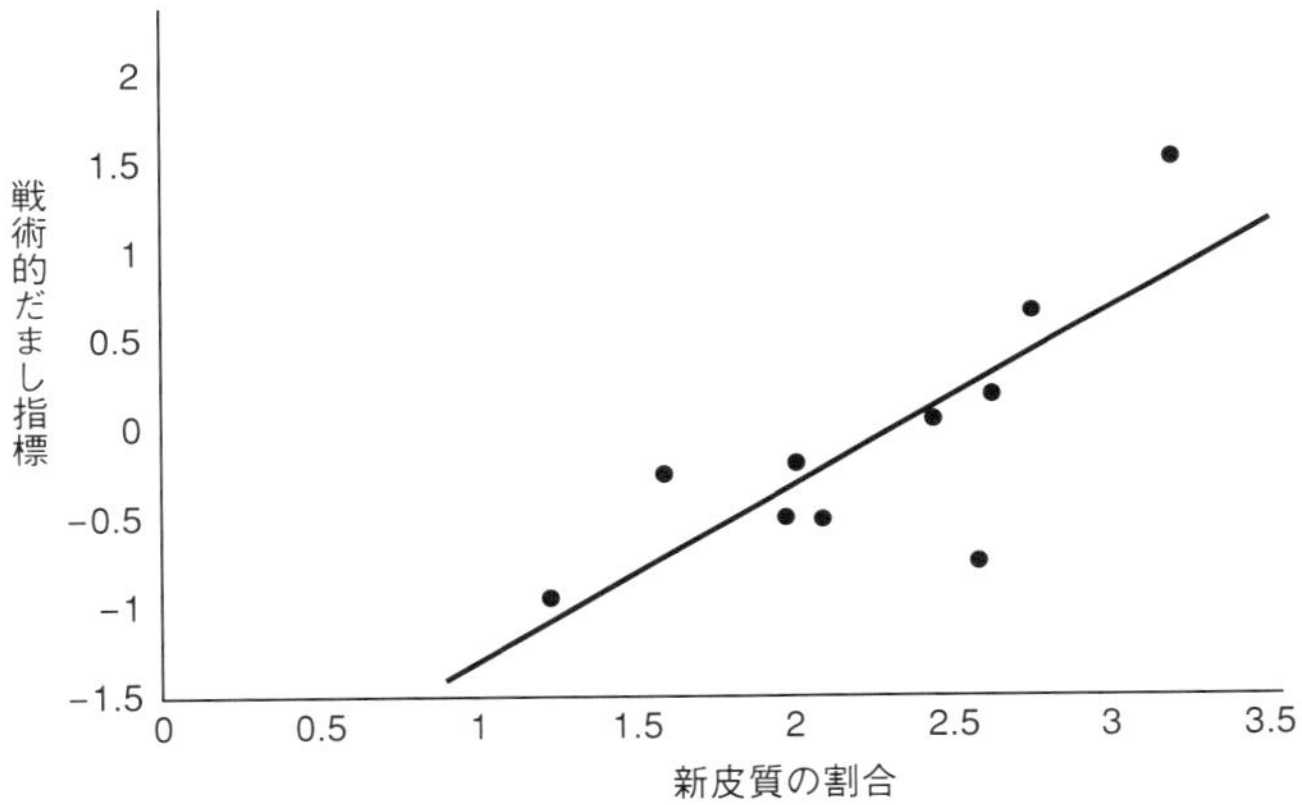

図8-3　さまざまな霊長類の種における新皮質の割合と戦術的だまし指標の関係

バーン『考えるサル』（1995）より。Cambridge University Press の許可を得て転載。

し、ある個体がほかの個体を、相手の心の状態をある程度読んでいることを示すようなやり方でだましたなら、これをマキャヴェリ的知能の一例とした。バーンとホワイトゥンは、特定の霊長類の種がほかの種よりもよく研究されてきたことも考慮して、戦術的だまし指標を用いた。また彼らは、合理的に別の説明ができる観察例を厳しく排除した（Byrne, 1995）。その結果を図8-3に示す。

ダンバー、バーン、ホワイトゥンの研究は、霊長類の生活が社会的に複雑であることが脳の大きさの増大をもたらしたことを示唆している。確かに、このことが初期人類の脳を大きくした強力な要因であったと考えるのは、理にかなっているように思われる。

食料採取仮説とマキャヴェリ的知能仮説の問題点

マキャヴェリ的知能仮説の提唱者が示唆している集団の規模と知能との関係には、問題がないわけではない。ひとつの大きな問題は、知能を押し上げたのが複雑な社会生活の要求であったのなら、知能の高い霊長類の種は複雑な社会集団で生活していると予想されることだ。ヒト以外でもっとも知能の高い霊長類と言えば、大型類人猿（チンパンジー、ゴリラ、オランウータン）だが、これらの種には、チンパンジーの複雄・複雌の複雑な集団から、ゴリラの単雄ハーレムや、オランウータンの比較的単独の生活様式まで、社会構造に大きな違いがある。もうひとつの問題は、類人猿以外の種でも、大集団で生活しているサルがいることだ。最後に、ヒヒの新皮質の割合はゴリラよりも多いが、大部分の観察研究と実験研究は、ゴリラのほうが知能が高いことを示している。初歩的な手話を教えることができたのはゴリラとチンパンジーだけである。そして、チンパンジーとオランウータンだけが、日常生活の中で道具を使う。

食物を手に入れることとそれを加工することが脳の発達のおもな原動力であると主張する人たちの考えは、先に述べたダンバーやほかの研究者の証拠と合わない。さらに、カケスやハシブトガラスのような鳥は、自分が隠しておいた食料を見つけることにかけてはきわめて記憶力がよいが、これらの鳥の脳の大きさが際立っているわけではない［訳注――ただし、貯食の習性をもつ鳥の種は、そうした習性をもたない種よりも、体重や脳全体に占める海馬の割合が高いという報告もある］。

食物とヒトの脳が大きくなったこととの間には、明らかにある程度のつながりがある。ほかの類人猿と比べ、ヒトは脳が大きくて内臓が小さい。たとえば、ゴリラとオランウータンの消化管は結腸が大部分だが、ヒトの場合、ほとんどの場所を占めるのは小腸である。これらの違いは、大昔にヒトが栄養豊かで多様な食料（果実、肉、野菜）を食べ始め、栄養素を吸収するために長い小腸を必要としたという事実によって容易に説明できる。これに対して、ゴリラやオランウータンは葉を食料としており、それにともなって長い結腸を必要としている。

この比較から、食料を得るのに、ヒトはほかの大型類人猿よりも知能を必要とすることが明らかだ。しかし、なにが始まりだったのかという疑問は残る。複雑な食物の必要性が脳が大きくなることを刺激したのだろうか？　それとも、社会生活上の問題のようないくつかのほかの要因が脳の大きさを押し上げ、そしてその大きな脳を養うだけの食物の必要性を生じさせたのだろうか？

◆知能の進化をめぐるそのほかの仮説

ここまでは、霊長類（ヒトを含む）の知能の起源をめぐる、対立する有名な2つの仮説を紹介してきた。しかし、仮説はこれだけではない。以下では、進化論におけるもっとも難しい問題であるヒトの知能の起源に関して、そのほかの仮説もいくつか簡単に紹介しよう。私たちの祖先の脳が巨大化した明確な原因については将来的には合意が得られるとしても、私たちはまだその目標にはほど遠いところにいる。

性淘汰と脳の進化――ディスプレイ仮説

約600万年から300万年前、私たちの祖先がアフリカの大草原を歩き回っていた頃、脳は現在のチンパンジーほどの大きさ（450cc）だった。その後、200万年前から脳容量は指数関数的に増加し始め、最終的に現生人類の脳は約1300ccの容量になった。300万年の間に脳が3倍の大きさになったわけだが、進化的な基準から見ればこの変化は急激である。脳の力量の点で、ヒト科はほかの霊長類を圧倒的に引き離している。このような急激な変化をもたらしうる要因のひとつは、性淘汰である。第3章で述べた、性淘汰における暴走《ランナウェイ》効果がオスのクジャクにあの不思議な尾羽をもたらしたということを思い出してほしい。ロンドン大学の進化心理学者、ジェフリー・ミラーは、これと同様のプロセスがヒトの脳を形成したと主張している（Miller, 2000）。この見方によれば、ヒトは配偶者を選ぶ際に健康、年齢、多産性、社会的地位だけでなく、その認知的スキルも評価の対象にしていた。脳の大きさの暴走的な成長を促したのは、この後者の基準である。ミラーは、愉快で発明の才があって、創造的な脳をもった男性を女性が選択することからそのプロセスが始まったと考えている。情報の交換は、配偶の相手が適格かどうかの判断に使われるため、言語はこのプロセスを促進する。脳の増大は女性の側の選択によって引き起こされたが、脳が創作力のある男性のディスプレイを解読して評価する必要から、両性ともだんだんと大きな脳をもつようになった。ミラーは、注目すべき、だが物議をかもしそうな主張を行なっている。

> 男性は女性よりも、……芸術、音楽、文学をおよそ1桁多く生み出しており、それをほとんど青年期に生み出している。このことは、……芸術、音楽、文学はおもに求愛ディスプレイとして機能していることを示唆する。（Miller, 1998, p.119）

当然ながら、ディスプレイ仮説は議論が多い［訳注――この仮説に対しては、男性が多産な芸術活動をする時期には、女性は出産と子育てに時間とエネルギーをとられて、そうした活動ができないなど、さまざまの反論がありうる］。この考えをとると、多くの芸術作品と創造的なディスプレイが青年の男性によってなされ、男性のポップスターやそのほかの文化的偶像が女性にとってきわめて魅力的であることに気づくだろう。ピカソは、自分は「ペニスで描いた」と述べたが、おそらく芸術のこの機能に気づいていた。もちろん彼はたとえとして言っているのだが、経済的にもセックスの点でも、ピカソが大成功した人であることは意味深い。

ハードウェアとソフトウェアの共進化――言語による刺激

アウストラロピテクスから現代のホモ・サピエンスまで、脳の大きさはおよそ１８０万年ごとに倍増した。これは、指数関数的増加というにふさわしい。つまり、一定期間ごとに大きさが2倍になった。１８０万年という時間は長いように思われるが、生物学的に見れば脳のこの進化は驚くほど速い。これこそが、この現象を理解しようとする科学者が説明として「暴走《ランナウェイ》」モデルや「正のフィードバック」モデルに目を向ける理由だ。性淘汰の考え方は、暴走モデルである。これはメスが賢い脳を好むことに始まる。これによって、そういう脳をもったオスがより多くの子孫を残すことになる。その子孫には、大きな脳をもった娘が含まれ、彼女たちもより大きなオスの脳を好む、というように。

　このことはまた、正のフィードバックとしても理解できる。正のフィードバックとは、増加という効果が、さらなる増加を引き起こしやすくすることをいう。コンサートなどで時々経験するように、マイクがスピーカーに近すぎると、フィードバックが起こる。最初の小さな音がマイクに拾われ、増幅されてスピーカーに送り込まれ、その音をマイクがまた拾って、音を増幅して送り出す。最終的には、一種の暴走効果で生じた、耳をつんざくようなうなり《ハウリング》になる。

　現代のコンピュータにも、指数関数的な成長が見られる。一定サイズの最新コンピュータの性能は、1・5年ごとに倍増するのだ。これがムーアの法則である。驚くべきことに、この法則は、この10年間に関してよくあてはまっている。

　生物学者のリチャード・ドーキンスは、彼が「自己増殖的共進化」と呼ぶ脳の進化の見方のメタファーとしてこの法則を用いた（Dawkins, 1998）。コンピュータの性能が伸びた実際の理由はおそらく複雑だが、原動力のひとつはソフトウェアとハードウェアの共進化であったに違いない。ソフトウェアの進歩は、その性能が発揮できるようにハードウェアに圧力をかける。すると、新しいハードウェアがソフトウェアの可能性をいっそう広げ、ソフトウェアがさらに進歩する、という循環である。一例として、マウス（ハードウェア）はグラフィカル・ユーザ・インターフェイス（ソフトウェア）を刺激し、これが広く使われているウィンドウズ・ソフトウェアになった。では、脳の場合、ソフトウェアとハードウェアはなにに相当するのだろうか？　ドーキンスは、ハードウェアは脳を作り上げるもの、すなわち神経細胞とその結合であり、ソフトウェアは多くの候補がありうるが、なかでももっとも明白なのは言語だと主張する。

言語がいつ始まったのかという問題についてはいまだに多くの議論があるが、数種の発声と身ぶりだけでも、もてば有利であり、それを発して解読できる者が競争相手より多くの子孫を残したことは想像に難くない。言語が複雑になるにつれて、言語音の理解と発声を担当するもっと大きな脳が必要になった。ソフトウェア（言語）とハードウェア（神経細胞）は、抱き合って回りながらワルツを踊り、これが脳の大きさの爆発をもたらし、それにともなって芸術と文化と現代世界を生み出した。

言語によって引き起こされたハードウェアのもうひとつの変化は、咽頭の位置が下がったことだった。ヒトは、霊長類の中では、咽頭が喉の低い位置についている点で独特である。食べることと話すことを同時に行なうのが難しくなったが（毎年かなりの数の窒息死を引き起こす）、この適応によって、さまざまな音声が出せるようになり、微妙に違う音声をもつ現在の言語が可能になった。チンパンジーは咽頭の位置が高すぎて、ヒトのような発声ができない。したがって、言語というソフトウェアは脳を大きくしただけでなく、咽頭を喉の奥に下げたとも考えられる。あるいはより厳密な言い方をすれば、わずかに大きい脳とわずかに下にある咽頭をもった私たちの祖先は、わずかに小さい脳でわずかに上にある咽頭の同時代人よりも生存競争をうまく切り抜け、多くの子孫を残し、ヒトの進化を、脳が大きくておしゃべりする今日のヒトへ至るレールの上にのせたのだ。

道具の使用

ヒトの生活とほかの霊長類の生活を比べた時にもっとも明確に異なる点は、ヒトが技術に頼っているということだ。あなたが無人島に漂着し、道具なしの生活を強いられたところを想像してみよう。道具が生活の中でいかに重要な地位を占めているか、そして道具がなければ私たちはいかにすぐ滅びてしまうかがわかるだろう。チンパンジーと、オランウータンの一部の集団は野生において道具を使用することが報告されている。たとえばチンパンジーは、アリを巣から引き出すのに小枝を使い、木の実を割るのに石を使うのが観察されている。しかし、彼らにとって道具使用は生活に必須のものというより、おまけであるように思われる。

したがって、ヒトの脳容量の増大を説明する上で注目すべきは、道具の使用である。もし私たちの進化の過程で道具使用が脳の増大の重要な刺激になっていたとしたら、ある時期の道具の洗練度とその同じ時期の初期人類の脳の大きさの間には、なんらかの関係が予想されるだろう。この因果の連鎖は、より早い段階で食料の確保や加工に道具を使うことで、生き残りを有利にしたことだろう。これに始まって、より洗練された道具（鋭利な先端、まっすぐな槍など）はいっそう大きな報酬をもたらしたはずである。そして、より洗練された道具を考え出したり組み立てたりするには、より大きな脳を必要としただろう。これが脳の大きさの増加の淘汰圧を設定したのかもしれない。つまり、「道具がヒトを作る」のだ。脳の大きさと道具の使用に関するこういう見方は、約40年前に流行ったが、最近形を変えてよみがえった（Byrne,

1997)。１９５９年にオークリーは、次のように論じた。

> ヒトの直接の祖先が恒常的に立って歩く能力を手に入れた時、彼らの手は自由になって、道具を作って操作できるようになった。これらの活動は、まず第一に心と身体を協調させる適切な能力に依存したが、おそらく次には、これらの活動がその能力を向上させた。（Oakley, 1959, p.2）

脳の増大は道具使用によって刺激されたとするこの仮説を検証する上で、研究者に必要なのは、脳の大きさとさまざまな時代の初期人類が使った技術のタイプを比較してみることである。脳の大きさは、化石頭蓋骨から得られる頭蓋腔鋳型を使って推定できる。この推定値から、体重を考慮して、第7章で紹介した脳化指数（ＥＱ）が算出される。こうして、初期人類のＥＱを、それぞれの時代の道具使用の状態と比較することができる。ここでもうひとつ、比較の基準として使えるのは、チンパンジーやオランウータンのような現生類人猿における道具使用と、脳の大きさについての正確な情報である。

このような比較をしてみてわかるのは、脳の発達の推進力となったのが道具使用だという考えは疑わしいということである。その理由は次の通りである。

・約３５０万年前に生きていたアウストラロピテクス・アファレンシスのような初期人類は、現生チンパンジーよりも高いＥＱになるが、アウストラロピテクスの遺跡からは道具は見つかっていない。もちろん、こういう道具は腐りやすかったかもしれないので、アウストラロピテクスが道具を使っていた可能性を排除するものではない。

・道具が発見され始めるのは、約２００万年前の遺跡からである。これは、最初期のヒトであるホモ・ハビリスのものである。しかし、その道具は非常に単純で、その多くは割れた際にへりが鋭くなった石以上のものではない。ウィンによれば、これらの道具には対称性の概念が感じられず、心の中でできあがりをイメージして加工したという証拠がない（Wynn, 1988）。つまり、洗練された心を示すものがなにもない。ウィンは、これらの原始的な道具は、現生類人猿の道具製作能力と同程度の能力を示すものと推定している。このことは、これらの初期人類が現生チンパンジーよりも明らかにＥＱの高い脳をもっていたことから（表７‐２を参照）、脳の巨大化が道具製作によるという仮説に対する反証になる。

・ホモ・エレクトゥスの進化において、急激に脳が増大したのは１５０万年前から30万年前の間である。この仮説の予測に一致して、この初期人類のものとして発見される道具は、たとえば対称性を備えているといったように形と大きさがより規則的で、より洗練されている。しかし、決定的な問題は、この時期には脳が大きさを増しつつあったのに、道具製作にはほとんど変化がなかったことである。道具のデザインの進歩は、知能の増加に追いついていなかった。

・30万年前から現在までの間に、脳容量はわずかに増えただけだが、技術は爆発的に洗練された。脳の容量は、30万年前以降、わずかに変化したにすぎず、３万５千年前以降は実質的に変化していないが、

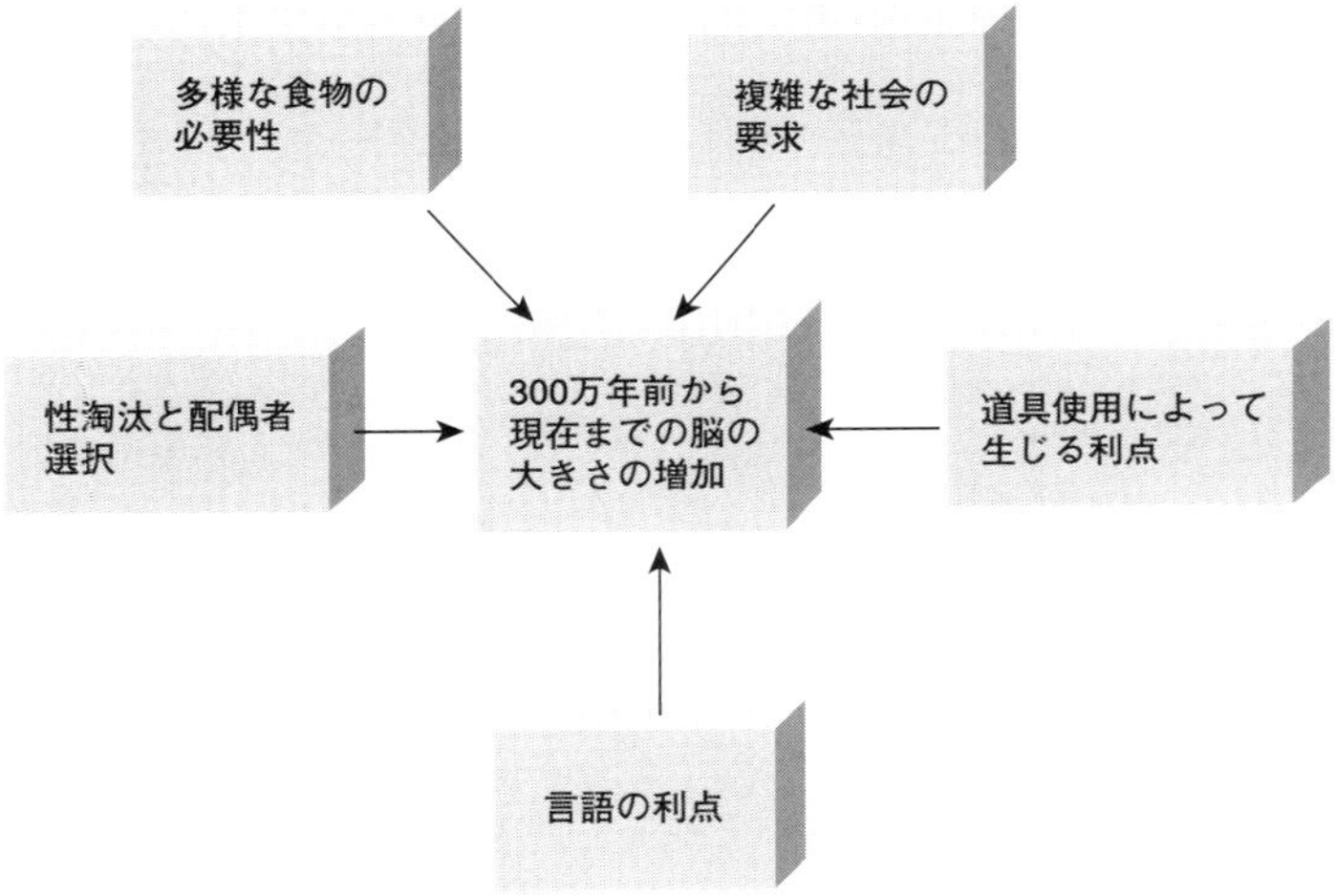

図8 - 4　ヒト科の脳の発達を促進させた可能性のある進化的要因
因果の連鎖は，ここに示した一方向的な影響よりも複雑で，いくつかの要因どうしは互いに作用し合っただろう。脳が大きくなったこと自体が，生活条件の変化をもたらした。

約3万5千年前の表象文化（壁画など）の出現から、約1万1千年前の新石器革命（農業の発明）を経て、今日のインターネットに至るまで、技術は指数関数的に変化してきた。

証拠を概観して、ウィンは以下のように結論している。

> 脳の進化の証拠と技術の進歩の考古学的証拠とを考えあわせると、私は、よりよい道具を作る能力がヒトの知能を淘汰したという単純なシナリオを考慮の対象から外してよいと考える。（Wynn, 1988, p.283）

私たちは、なぜヒトの脳がこれほど大きくなったのかという問題をまだ完全に解決できたわけではないが、少なくともこの謎にとり組む以前に比べれば、さまざまな仮説、道具や洞察がそろっている（図8 - 4）。おそらく最終的な答えは、多くの要因の複雑な組み合わせ――生態学的、性的、社会的、言語的、そして技術的な要因――が作用したということなのだろう。いっそう進んだ洞察が、ヒトゲノム計画と神経生理学によってもたらされるかもしれない。つまり、脳の機能が詳しくわかるにつれて、自然淘汰によって脳が「デザインされた」目的を推測することが可能になる。そして私たちの心のはたらきのさまざまな側面の適応価が理解できれば、400万年ほど前、類人猿に似た私たちの祖先が脳の増大という引き返せない道になぜ踏み出したのかがもっとよくわかるだろう。しかし、おそらくより重要なことは、それによって私たちが現代のヒトの心をもっとよく理解できるようになるということだ。

◆まとめ

・ヒトの脳がこれほど大きくなった理由は、進化における謎である。多くの競合する考え方がある。

（1）多様な食物に関する認知能力の必要性

（2）社会的要因の役割――いわゆるマキャヴェリ的知能仮説と心の理論

（3）性淘汰の効果――（おもに）女性が大きな脳の配偶相手を好んだ

（4）脳（ハードウェア）と言語（ソフトウェア）の共進化

（5）道具使用が刺激となった

読書案内

Byrne, R.（1995）. *The Thinking Ape*. Oxford: Oxford University Press.（『考えるサル――知能の進化論』小山高正・伊藤紀子訳　大月書店　１９９８）マキャヴェリ的知能仮説を明快に解説している。

Dunbar, R. I. M.（1996）. *Grooming, Gossip and the Evolution of Language*. London: Faber & Faber.（『ことばの起源――猿の毛づくろい、人のゴシップ』松浦俊輔・服部清美訳　青土社　１９９８）脳の大きさの進化とその原因について一般向けにわかりやすく解説している。

Miller, G.（2000）. *The Mating Mind*. London: Doubleday.（『恋人選びの心――性淘汰と人間性の進化』長谷川眞理子訳　岩波書店　２００２）ヒトの性と性淘汰が脳の増大の原因となったという刺激的な仮説を展開している。

訳者あとがき

進化を見た者はいない。私たちの命に限りがある以上、気の遠くなるような長い時間を通して、種が新たにできあがっていくプロセスの一部始終を観察することはできない。したがって、進化とは間接的証拠にもとづいた推測である。ダーウィンがその類まれな洞察力で見抜いた自然淘汰と性淘汰による生物の進化は、ひとつの壮大な仮説であって、進化論がいつまでも「論」であり続けるゆえんである。

ダーウィン自身もそうだったように、生物の進化に対する私たちの関心はおのずと、私たち自身――ヒトはなにから生まれ、どのようにして現在のヒトになったのか――に向かう。霊長類の中に位置を占めながら、ほかの霊長類にはない形質――サルのような体毛がない、二足（直立）歩行をする、脳の皮質の部分が大きいなど――をどのようにしてもつようになったのか？　これに答えるために、見つかっている初期人類の骨の化石や遺物から、そして現生人類に見られるＤＮＡの違いから、人類進化の道筋が組み立てられる。その組み立ては当然論理的になされるのだが、ほんのわずかな手がかりから全体像を描くわけだから、想像力に負うところが大きい。その結果、仮説は百花繚乱の様相を呈することになる（たとえば、ヒトは一時期水辺で生活したことによって現在の特徴を手に入れたといった「人間水生説」——イギリスのハーディが思いつき、モリスとモーガンが敷衍した説——などは、想像力を駆使したその最たる例だろう)。

進化によって形作られるのは、身体だけではない。心、すなわち生き物の行動特性や心理的傾向もまた、環境への適応のプロセスで生じた進化の産物である。1980年代に現われた進化心理学(ダーウィン心理学とも呼ばれる)は、進化の点からヒトの心や行動の説明を試みる。「ヒトはなぜ○○か」について、ヒトの進化を方向づけた環境(すなわち進化的適応環境)の点から、さまざまな仮説を考え出す。そこには想像力のはばたく余地があり、それゆえそれらの仮説は人を惹きつけずにはおかない。しかし反面、マスコミ受けするポップな進化心理学など、安易な仮説や説明に終始するという危険性もはらんでいる。科学としての進化心理学の目的は、たんに仮説を立てることにあるのではなく、間接的証拠を用いて、その仮説を証明していくことにある。その作業は簡単にはいかないが、科学としての醍醐味はまさにそうした証明のプロセスにある(どう証明するかこそアイデアの勝負だ)。

本書は、そうした進化心理学の魅力を入門者向けに十分に伝えている。200ページほどの入門書という制約のもとで、進化心理学の主要なトピックス——性行動、心の病、知的能力(脳の大きさ)——をコンパクトに紹介している。特色をあげるとすれば、進化心理学的なアプローチを支持する立場の入門書でありながら、研究を全面的に肯定するのではなく、かなり抑えたトーンで書かれているという点だろうか。また、心の病という、これからホットに論じられるだろうテーマをとりあげているのも、大きな特色である。臨床領域の人が進化心理学に興味をもつきっかけになれば、と思う。

なお、日本で出ている進化心理学のスタンダードなガイドブックとして、長谷川寿一・長谷川眞理子『進化と人間行動』（東京大学出版会）がある。本書を読んだあとステップアップしたい人に、お薦めしたい。

原著、*Evolutionary Explanations of Human Behaviour*（Hove: Routledge, 2001）は、イギリスの大学生用の心理学入門シリーズ（モジュラー・サイコロジー・シリーズ）の一冊として刊行された。原著にはところどころに設問なども挿入されているが、翻訳ではより読み物らしくするため割愛した。また、著者と協議の上、図表の一部を修正して掲載してある。

本書の翻訳は、新曜社の塩浦暲氏のご依頼でお引き受けしたものである。氏からは、訳出の過程で貴重な助言をいただいた。記して感謝するしだいである。

２００５年４月

鈴木光太郎
河野　和明

著者紹介

ジョン・H・カートライト（John H. Cartwright）
イギリス，チェスター大学上級講師。サセックス大学大学院修了（生化学，科学史）。大学では科学史，生物学，進化心理学の授業を担当している。ダーウィンの研究者としても知られている。著書に *Evolution and Human Behaviour: Darwinian Perspectives on Human Nature*（London: Macmillan, 2000）などがある。

訳者紹介

鈴木光太郎（すずき　こうたろう）
新潟大学名誉教授。東京大学大学院人文科学研究科博士課程中退。専門は実験心理学。著書に『オオカミ少女はいなかった』，『謎解き アヴェロンの野生児』（新曜社），訳書にブラウン『ヒューマン・ユニヴァーサルズ』，ドルティエ『ヒト，この奇妙な動物』，プレマック『心の発生と進化』，ウィンストン『人間の本能』（新曜社）などがある。

河野和明（かわの　かずあき）
東海学園大学人文学部教授。名古屋大学大学院文学研究科博士課程修了。博士（心理学）。専門は感情心理学，動物行動学。共著に『住まいとこころの健康』（ブレーン出版），監訳書にレポーレとスミス『筆記療法』（北大路書房）がある。

進化心理学入門

初版第1刷発行　2005年6月1日
初版第10刷発行　2023年1月21日

著　者　ジョン・H・カートライト
訳　者　鈴木光太郎・河野和明
発行者　塩浦　暲
発行所　株式会社 新曜社
〒101-0051　東京都千代田区神田神保町3-9
電話(03)3264-4973・FAX(03)3239-2958
e-mail info@shin-yo-sha.co.jp
URL https://www.shin-yo-sha.co.jp/

印刷所　銀　河
製本所　積信堂

ISBN978-4-7885-0953-5　C1011

索　引

（ゴシックは，用語解説にある項目）

■か行

■さ行

■ま行

文　献

Allen, N.（1995）. Towards a computational theory of depression. *ASCAP: The Newsletter of the Society for Sociophysiological Integration* **8**(7): 3-12.

Baker, R.R.（1996）. *Sperm Wars*. London: Fourth Estate.（『精子戦争――性行動の謎を解く』秋川百合訳，河出書房新社，1997）

Baker, R.R. and Bellis, M.A.（1995）. *Human Sperm Competition*. London: Chapman & Hall.

Barash, D.（1979）. *The Whisperings Within*. New York: Harper & Row.

Baron-Cohen, S., Leslie, A.M., and Frith, U.（1985）. Does the autistic child have a 'theory of mind' ? *Cognition* **21**:37-46.

Betzig, L.（1982）. Despotism and differential reproduction. *Ethology and Sociobiology* **3**: 209-221.

Betzig, L.（1986）. *Despotism and Differential Reproduction: A Darwinian View of History*. Hawthorns, NY: Aldine de Gruyter.

Bevc, I. and Silverman, I.（2000）. Early separation and sibling incest: a test of the revised Westermarck theory. *Evolution and Human Behaviour* **21**: 151-161.

Birkhead, T.（2000）. *Promiscuity*. London: Faber & Faber.（『乱交の生物学――精子競争と性的葛藤の進化史』小田亮・松本晶子訳，新思索社，2003）

Birkhead, T.R., Moore, H.D.M. and Bedford, J.M.（1997）. Sex, science and sensationalism. *Trends in Ecology and Evolution* **12**: 121-122.

Boaz, N.T. and Almquist, J.（1997）. *Biological Anthropology*. Englewood Cliffs, NJ: Prentice-Hall.

Bowlby, J.（1969）. *Attachment Theory, Separation, Anxiety and Mourning*, vol.6. New York: Basic Books.

Buss, D.（1989）. Sex differences in human mate preferences. *Behavioural and Brain Sciences* **12**: 1-49.

Buss, D.（1994）. *The Evolution of Desire*. New York: Harper Collins.（『女と男のだましあい――人の性行動の進化』狩野秀之訳，草思社，2000）

Buss, D.（1996）. Sexual conflict: evolutionary insights into feminism and the battle of the sexes. In D. M. Buss and N. M. Malamuth（eds.）*Sex, Power and Conflict: Evolutionary and Feminist Perspectives*（pp. 296-318）. New York: Oxford University Press.

Buss, D.（1999）. *Evolutionary Psychology*. Needham Heights, MA: Allyn & Bacon.

Buss, D. and Barnes, M.（1986）. Preferences in human mate selection. *Journal of Personality and Social Psychology* **50**: 559-570.

Buss, D., Larsen, R.J. , Westen, D. and Semmelroth, J.（1992）. Sex differences in jealousy. *Psychological Science* **3**: 251-255.

Byrne, R.（1995）. *The Thinking Ape*. Oxford: Oxford University Press.（『考えるサル――知能の進化論』小山高正・伊藤紀子訳，大月書店，1998）

Byrne, R, W.（1997）. The technical intelligence hypothesis: an additional evolutionary stimulus to intelligence? In A. Whiten and R.W. Byrne（eds.）*Machiavellian Intelligence II*（pp. 289-312）. Cambridge, UK: Cambridge University Press.（『マキャベリ的知性と心の理論の進化論（2）――新たなる展開』友永雅己・平田聡・小田亮・藤田和生監訳，ナカニシヤ出版，2004）

Cartwright, J.（2000）. *Evolution and Human Behaviour: Darwinian Perspectives on Human Nature*. London: Macmillan.

Chagnon, N.（1968）. *Yanomamo: The Fierce People*. New York: Rinehart & Winston.

Chapman, T.（1997）. The epidemiology of fears and phobias. In G.C.L. Davey（ed.）*Phobias*（pp. 415-425）. Chichester: Wiley.

Clutton-Brock, T.H. and Vincent, A.C.J.（1991）. Sexual selection and the potential reproductive rates of males and females. *Nature* **351**: 58-60.

Crawford, C.（1998）. Environment and adaptations: then and now. In C. Crawford and D.L. Kiebs（eds.）*Handbook of Evolutionary Psychology*. Mahwah, NJ: Lawrence Erlbaum Associates.

Cronin, H.（1991）. *The Ant and the Peacock*. Cambridge, UK: Cambridge University Press.（『性選択と利他行動――クジャクとアリの進化論』長谷

川眞理子訳，工作舎，1994）

Crook, J.H. and Crook, S.J.（1988）. Tibetan polyandry. In L. Betzig, Borgehoff-Mulder and P. Turke（eds.）*Human Reproductive Behaviour*. Cambridge, UK: Cambridge University Press.

Daly, M.（1997）. Introduction. In G. R. Bock and G. Cardew（eds.）*Characterising Human Psychological Adaptations*（pp.1-4）. Chichester: Wiley.

Daly, M, and Wilson, M.（1988）. *Homicide*. Belmont, CA: Wadsworth.（『人が人を殺すとき――進化でその謎をとく』長谷川眞理子・長谷川寿一訳，新思索社，1999）

Darwin, C.（1859）. *On the Origin of Species by Natural Selection*. London: John Murray.（『種の起源』八杉龍一訳，岩波書店，1963-71）

Dawkins, R.（1998）. *Unweaving the Rainbow*. London: Penguin.（『虹の解体――いかにして科学は驚異への扉を開いたか』福岡伸一訳，早川書房，2001）

Deacon, T. W.（1992）. The human brain. In S. Johnes, R. Martin and D. Pilbeam（eds.）*The Cambridge Encyclopedia of Human Evolution*（pp. 115-122）. Cambridge, UK: Cambridge University Press.

Deacon, T.（1997）. *The Symbolic Species*. London: Penguin.（『ヒトはいかにして人となったか――言語と脳の共進化』金子隆芳訳，新曜社，1999）

de Catanzaro, D.（1995）. Reproductive status, family interactions, and suicidal ideation: surveys of the general public and high risk group. *Ethology and Sociobiology* **16**: 385-394.

Delprato, D. J.（1989）. Hereditary determinants of fears and phobias: a critical review. *Behaviour Therapy* **11**: 79-103.

Dennett, D.（1995）. *Darwin's Dangerous Idea*. New York: Simon & Schuster.（『ダーウィンの危険な思想――生命の意味と進化』石川幹人ほか訳，青土社，2001）

Diamond, J.（1991）. *The Rise and Fall of the Third Chimpanzee*. London: Vintage.（『人間はどこまでチンパンジーか？――人類進化の栄光と翳り』長谷川眞理子・長谷川寿一訳，新曜社，1993）

Diamond, J.（1997）. *Why Sex is Fun: The Evolution of Human Sexuality*. London: Weidenfeld & Nicolson.（『セックスはなぜ楽しいか』長谷川寿一

訳，草思社，1999）

Dunbar, R.（1993）. Co-evolution of neocortical size, group size and language in humans. *Behavioural and Brain Sciences* **16**: 681-735.

Dunbar, R.（1995）. Are you lonesome tonight? *New Scientist* **145**（1964）: 12-16.

Dunbar, R.（1996）. *Grooming, Gossip and the Evolution of Language*. London: Faber & Faber.（『ことばの起源――猿の毛づくろい，人のゴシップ』松浦俊輔・服部清美訳，青土社，1998）

Eibl-Eibesfeldt, I.（1989）. *Human Ethology*. Hawthorne, NY: Aldine de Gruyter.（『ヒューマン・エソロジー――人間行動の生物学』桃木暁子ほか訳，ミネルヴァ書房，2001）

Einon, D.（1998）. How many children can one man have? *Evolution and Human Behaviour* **19**: 413-426.

Ekman, P.（1973）. *Darwin and Facial Expression: A Century of Research in Review*. New York: Academic Press.

Fisher, A.E.（1962）. Effects of stimulus variation on sexual sensation in the male rat. *Journal of Comparative and Physiological Psychology* **55**: 614-620.

Flanagan, C.（1999）*Early Socialisation: Sociability and Attachment*. London: Routledge.

Foley, R,（1987）. *Another Unique Species*. Harlow: Longman.

Foley, R.A.（1989）. The evolution of hominid social behaviour. In V. Standen and R.A. Foley（eds.）*Comparative Socioecology*. Oxford: Blackwell Scientific.

Garber, P. A.（1989）. Role of spatial memory in primate foraging patterns: *Saguinus mystax* and *Saguinus fuscicollis*. *American Journal of Primatology* **19**: 203-216.

Goodenough, J., McGuire, B. and Wallace, R.（1993）. *Perspectives on Animal Behaviour*. New York: Wiley.

Gould, R.G.（2000）. How many children could Moulay Ismail have had? *Evolution and Human Behaviour* **21**（4）: 295-296.

Greenlees, I.A. and McGrew, W.C.（1994）. Sex and age differences in preferences and tactics of mate attraction: analysis of published advertisements.

Ethology and Sociobiology **15**: 59-72.

Guttentag, M. and Secord, P.（1983）. *Too Many Women?* Beverly Hills, CA: Sage.

Hamilton, W.D.（1964）. The genetical evolution of social behaviour, I and II. *Journal of Theoretical Biology* **7**: 1-52.

Harcourt, A.H.（1991）. Sperm competition and the evolution of non-fertilizing sperm in mammals. *Evolution* **45**(2): 314-328.

Harcourt, A.H., Harvey, P.H., Larson, S.G. *et al.*（1981）. Testis weight, body weight and breeding systems in primates. *Nature* **293**: 55-57.

Harvey, P.H. and Bradbury, J.M.（1991）. Sexual selection. In J.R. Krebs and W.B. Davies（eds.）*Behavioural Ecology*（pp.203-234）. Oxford: Blackwell Scientific.

Hill, K. and Hurtado, M.（1996）. *Demographic/Life History of Ache Foragers*. Hawthorne, NY: Aldine de Gruyter.

Hill, K. and Kaplan, H.（1988）. Tradeoffs in male and female reproductive strategies among the Ache. In L. Betzig, M. Borgehoff-Mulder and P. Turke（eds.）*Human Reproductive Behaviour*. Cambridge, UK: Cambridge University Press.

Holloway, R.（1999）. Evolution of the human brain. In A. Lock and C.R. Peters（eds.）*Handbook of Human Symbolic Evolution*.（pp.74-126）. Malden, MA: Blackwell.

Hosken, F.P.（1979）. *The Hosken Report: Genital and Sexual Mutilation of Females*. Lexicon, MA: Women's International Network News.（『女子割礼——因習に呪縛される女性の性と人権』鳥居千代香訳，明石書店，1993）

Jerison, H.J.（1973）. *Evolution of Brain and Intelligence*. New York: Academic Press.

Jones, S.（1991）. We are all cousins under the skin. *The Independent*（London）14.

Kirkpatrick, D.R.（1984）. Age, gender, and patterns of common intense fears among adults. *Behaviour Research and Therapy* **22**: 141-150.

Kuch, K., Cox, B.J., Evans, R.E. and Shulman, I.（1994）. Phobias, panic and pain in 55 survivors of road vehicle accidents. *Journal of Anxiety Disorders* **8**: 181-187.

Kvarnemo, C. and Ahnesjo, I.（1996）. The dynamics of operational sex ratios and competition for mates. *Trends in Ecology and Evolution* **11**: 4-7.

Langlois, J.H. and Roggman, L.A.（1990）. Attractive faces are only average. *Psychological Science* **1**: 115-121.

Littlefield, C.H. and Rushton, J.P.（1986）. When a child dies: the sociology of bereavement. *Journal of Personality and Social Psychology* **51**（4）: 797-802.

Lumsden, L.J. and Wilson, E.O.（1982）Precis of genes, mind and culture. *Behavioural and Brain Sciences* **5**: 1-7.

MacLean, P.D.（1972）. Cerebral evolution and emotional processes: new findings on the striatal complex. *Annals of the New York Academy of Sciences* **193**: 137-149.

McGuire, M., Troisi, A. and Raleigh, M.M.（1997）. Depression in an evolutionary context. In S. Baron-Cohen（ed.）*The Maladapted Mind*. Hove, UK: Psychology Press.

Miller, G.（1996）. Sexual selection in human evolution. In C. Crawford and D.L. Krebs（eds.）*Evolution and Human Behaviour*. Mahwah, NJ: Lawrence Erlbaum Associates.

Miller, G.F.（1998）. How mate choice shaped human nature: a review of sexual selection and human evolution. In C. Crawford and D.L. Krebs（eds.）*Handbook of Evolutionary Psychology*. Mahwah, NJ: Lawrence Erlbaum Associates.

Miller, G.（2000）. *The Mating Mind*. London: Heinemann/ Doubleday.（『恋人選びの心——性淘汰と人間性の進化』長谷川眞理子訳，岩波書店，2002）

Milton, K.（1988）. Foraging behaviour and the evolution of primate intelligence. In R.W. Byrne and A. Whiten（eds.）*Machiavellian Intelligence*. Oxford: Oxford University Press.

Moore, H.D.M., Martin, M. and Birkhead, T.R.（1999）. No evidence for killer sperm or other selective interactions between human spermatozoa in ejaculates of different males in vitro. *Proceedings of the Royal Society of London Series B* **266**（1436）: 2343-2350.

Murphy, D. and Stich, S.（2000）. Darwin in the madhouse. In P. Caruthers and A. Chamberlain（eds.）*Evolution and the Human Mind*. Cambridge, UK:

Cambridge University Press.

Murray, C. and Lopez, A.（1996）. Evidence-based health policy lessons from the global burden of disease study. *Science* **274**: 740-743.

Nesse, M. and Williams, C.（1995）. *Evolution and Healing: The New Science of Darwinian Medicine*. London: Weidenfeld & Nicolson.（『病気はなぜ，あるのか——進化医学による新しい理解』長谷川眞理子・長谷川寿一・青木千里訳，新曜社，2001）

Oakley, K.（1959）. *Man the Tool-Maker*. Chicago: University of Chicago Press.（『石器時代の技術』国分直一・木村伸義訳，ニュー・サイエンス社，1971）

Parker, S.（1976）. The precultural basis of the incest taboo: towards a biosocial theory. *American Anthropologist* **78**: 285-305.

Perrett, D.I., Burt, D.M., Penton-Voak, I.S., Lee, K.J., Rowland, D.A. and Edwards, R.（1999）. Symmetry and human facial attractiveness. *Evolution and Human Behaviour* **20**:295-307.

Price, L.H.（1968）. The genetics of depressive behaviour. In A. Coppen and S. Walk（eds.）*Recent Developments in Affective Disorders*. British Journal of Psychiatry Special Publication No.2.

Ridley, M.（1993）. *The Red Queen*. London: Viking.（『赤の女王——性とヒトの進化』長谷川眞理子訳，翔泳社，1995）

Seligman, M.E.P.（1971）. Phobias and preparedness. *Behaviour Therapy* **2**: 307-320.

Short, R.V.（1994）. Why sex. In R.V. Short and E. Balaban（eds.）*The Differences between the Sexes*（pp.3-22）. Cambridge, UK: Cambridge University Press.

Smith, E.A. and Bliege Bird, R.L.（2000）. Turtle hunting and tombstone opening: public generosity as costly signaling. *Evolution and Human Behaviour* **21**: 245-261.

Smith, P.K.（1979）. The ontogeny of fear in children. In W. Sluckin（ed.）*Fear in Animals and Man*. London: Van Nostrand.

Smith, R.L.（1984）. Human sperm competition. In R.L. Smith（ed.）*Sperm Competition and the Evolution of Animal Mating Systems*. Orlando. FL: Academic Press.

Smoller, J.W. and Tsuang , M.T. (1998). Panic and phobic anxiety: defining phenotypes for genetic studies. *American Journal of Psychiatry* **155**(9): 1152-1162.

Stevens, A. and Price, J. (1996). *Evolutionary Psychiatry*. London: Routledge.

Strachan, T. and Read, A.P. (1996). *Human Molecular Genetics*. Oxford: Bios Scientific.(『ヒトの分子遺伝学』村松正實訳,メディカル・サイエンス・インターナショナル,1997)

Strassmann, B.I. and Dunbar, R.I.M. (1999). Human evolution and disease: putting the Stones Age in perspective. In S.C. Stearns (ed.) *Evolution in Health and Disease* (pp.91-101). Oxford: Oxford University Press.

Symons, D. (1979). *The Evolution of Human Sexuality*. Oxford: Oxford University Press.

Symons, D. (1992). On the use and misuse of Darwinism. in J.H. Barkow, L. Cosmides and J. Tooby (eds.) *The Adapted Mind* (pp.137-159). Oxford: Oxford University Press.

Thornhill, R. and Gangestad, S.W. (1994). Human fluctuating asymmetry and sexual behaviour. *Psychological Science* **5**: 297-302.

Tomarken, A.J., Mineka, S. and Cook, M. (1989). Fear-relevant selective associations and covariation bias. *Journal of Abnormal Psychology* **98**: 381-394.

Tomasello, M. and Call, J. (1997). *Primate Cognition*. Oxford: Oxford University Press.

Trivers, R. (1972.) Parental investment and sexual selection. In B. Campbell (ed.) *Sexual Selection and the Descent of Man*. Chicago: Aldine de Gruyter.

Warner, H., Martin, D.E. and Keeling, M.E. (1974) Electroejaculation of the great apes. *Annals of Biomedical Engineering* **2**:419-432.

Weizmann, F., Wiener, N. I. and Wiesenthal, D.L. (1990). Differential K theory and racial hierarchies. *Canadian Psychology* **31**: 1-13.

Whiten, A. and Byrne, R. (1988). Tactical deception in primates. *Behavioural and Brain Sciences* **11**: 233-244.

Wirtz, P. (1997). Sperm selection by females. *Trends in Ecology and*

Evolution **12**:172-173.

Wynn, T.（1988）. Tools and the evolution of human intelligence. In R.W. Byrne and A. Whiten（eds.）*Machiavellian Intelligence*. Oxford: Oxford University Press.（『マキャベリ的知性と心の理論の進化論――ヒトはなぜ賢くなったか』藤田和生・友永雅己・山下博志監訳，ナカニシヤ出版，2004）

用語解説

本文では初出の用語をゴシック体で表記した。

アウストラロピテクス Australopithecines　原義は「南の類人猿」。知られているもっとも初期の人類で，約400万年前に南アフリカの平原に出現した。

アロメトリー（相対成長） allometry　生物の身体の大きさ（たとえば体長，体積，体重）と身体の特徴（たとえば脳の大きさ）の関係。この関係は，アロメトリー式やアロメトリー直線として表わされる。

一妻多夫（制） polyandry　繁殖期に1個体のメスが複数のオスと性的関係をもつような配偶システム。

一夫一妻（制） monogamy　オスとメス1個体ずつからなる配偶システム。

一夫多妻（制） polygyny　繁殖期に1個体のオスが複数のメスと性的関係をもつような配偶システム。

遺伝子 gene　DNAの中の特定のヌクレオチド配列から成る遺伝情報の単位。

遺伝子型 genotype　個体がもっている遺伝子の構成。

遺伝子プール gene pool　ある生物集団に存在する対立遺伝子の全集合。たとえば，あなたがもっている遺伝子は，ヒトの遺伝子プールの中の（量と変異という点で）ほんの一部である。

親による投資 parental investment　ある子に対して，ほかの子を育てる可能性を犠牲にして，養育と資源を提供すること。

寄生虫 parasite　宿主《しゅくしゅ》と呼ばれるほかの動物にとりつき，宿主を犠牲にする形で自らの適応度を上げる生き物。

機能 function　「機能」という用語は，身体や行動の特性について言う場合には，その適応価を簡単に言い表わすものとして用いられる。したがって，子どもに授乳し世話をしている間，母親が排卵しない機能的な理由は，妊娠を避けることによって，自分とすでにいる子どもの両者の生存を助けることだと言える。残念ながら，この用語はほかの意味ももつようになり，

心理学の初学者を混乱させている。機能主義心理学で言うところの機能とは，長期にわたって淘汰された特性がどのように姿を現わすようになったかではなく，個人が自分の生活の中でどのように適応するようになったかを指す。現在，状況はさらに混乱を増している。認知科学と人工知能の領域では，心を入出力をするコンピュータのようなものとして解釈する際に，機能という用語を一種の数学的関数として使っている。

究極的説明 ultimate explanation　ある動物の行動に関して，適応価を明らかにするような説明。至近要因も参照。

近親交配 inbreeding　ある程度遺伝的に関係がある個体どうしから子が生まれること。

系統（図） lineage　どのように種が枝分かれしてきたのかを示す図。あるいはその枝。

血縁度（*r*） coefficient of genetic relatedness　ある個体から無作為に選ばれた対立遺伝子が，別の個体に存在する確率。あるいは，両者が共通の祖先をもつ場合には，共有するゲノムの割合と考えることもできる。したがって，子は母親から遺伝子の50%を受け継いでいるので，子と母親の血縁度は0.5になる。

ゲノム genome　ある動物がもっている遺伝子全体のセット。

睾丸 testis（複数形: testes）　精子とそれに関連するホルモンを生産するオスの生殖器。

行動主義 behaviourism　ワトソンによって創始され，スキナーによって継承された心理学の学派。心理学は観察可能な行動のみをあつかうべきだと主張する。

心の理論 theory of mind　ヒトや一部の霊長類には，心や感情を構成する重要な要素として，自己を意識し，他者が意識をもっていることがわかる能力がある。心の理論をもつことは，マキャヴェリ的知能に不可欠である。

至近要因 proximate cause　行動で言えば，ある行動パターンを開始させる，あるいはその引き金となる直接的なメカニズムや刺激を指す。日焼けの至近要因は，太陽光に対する反応としてメラニンを放出させる一連の生化学的事象である。究極要因は，このシステムが皮膚のそれ以上の損傷を防ぎ，その個体の生存を助けることである。

種 species　互いに類似した遺伝的特徴をもち，交配して生まれる子が生殖能力をもつような生物の集合を指す。

正直な信号 honest signal　適応度に関して個体の質を正確に伝える信号。

進化的適応環境（EEA） environment of evolutionary adaptation　ヒトのもつ遺伝子が，ヒトの進化においてその時に課された生存問題を解決するために自然淘汰によって形成された時期の環境を指す。これは現在から約300万～3万5千年前の時期にあたる。進化心理学者が好んで用いる概念のひとつ。

精子競争 sperm competition　メスの生殖管の中で一緒になった複数のオスの精子間で行なわれる競争。

性的二型 sexual dimorphism　同じ種のオスとメスの間の形態，大きさ，生理や行動の違い。

性淘汰 sexual selection　配偶行動の結果として起こる淘汰。性内淘汰は同性どうしの競争の結果として生じる。性間淘汰は，一方の性がもう一方の性の特定の特徴を選択した結果起こる。

染色体 chromosome　細胞核中の，DNAがしまい込まれている構造体。染色体はDNAとDNAにくっついたタンパク質を含んでいる。

戦略 strategy　動物の適応度を増すように自然淘汰によって形成された行動パターン，あるいはそうした行動を導く規則。ここで言う戦略とは，一連の意識的な判断のことではなく，特定の刺激に対し引き起こされ，ふつうはその動物の生存を助ける行動パターンを指す。

操作的性比 operational sex ratio　特定の地域や特定の時間における，性的に活動できるオスに対するメスの比率。

属 genus　分類学上，属は種の上の，科の下のレベルのカテゴリーである。たとえば，ホモ・サピエンス，ホモ・エレクトゥスなどはヒト属に属す。

対称性 symmetry　動物の一方の側の身体の特徴が，大きさと形の点で，もう一方の側と一致している状態。対称性は，寄生虫などのストレスによって損なわれることがあるので，身体的健康を示す指標になる。それゆえ，動物は適応度の正直な信号として対称性を使っている可能性がある。

対立遺伝子 allele　同じ遺伝子の特定の形。ある動物種内では，多くの種類の対立遺伝子が存在することがある。たとえば，目の色に影響を及ぼす遺伝子は，多くの異なる対立遺伝子として存在している可能性がある。その結果，その動物種においてはさまざまな目の色が生じる。ほとんどすべての特性について，ヒトは２つの対立遺伝子をもっている。ひとつは父親から，ひとつは母親から受け継がれる。

DNA デオキシリボ核酸。細胞を作るのに必要な情報を含む分子。ＤＮＡ上の情報は遺伝によって子に受け継がれる。

適応 adaptation　生物の特徴は，その特徴をもった個体の適応度が高まるという形で自然淘汰によって形成される。適応とは，こうした特徴を指すこともあるし，それに関与する遺伝子の淘汰による特徴の形成過程のことを指すこともある。それらの特徴は，結果的に，目的に対してうまく設計され，適合しているように見える。

適応的意味 adaptive significance　ある動物の身体的・行動的特徴が，その動物の生き残りと繁殖にこれまでどのように役立ち，いまもどのように役立っているかということ。

適応度 fitness　個体の適応度は，その個体が残すか，残すと見込まれる子孫の数によって測られる。直接適応度（ダーウィンの適応度とも呼ばれる）は，直接子どもを作ることで次世代へ受け継がれる遺伝子数に相当する。間接適応度とは，遺伝子を共有する血縁者を助ける者によって次世代に受け継がれる遺伝子の数に相当する。包括適応度とは，直接適応度と間接適応度の合計である。

淘汰（選択） selection　なんらかの選択圧の結果，生物集団において個体（または遺伝子）の生き残りに違いが生じること。「自然淘汰」的アプローチは，ある動物の特徴が，その祖先に長い間作用した淘汰の結果としてどのように解釈できるかを示そうとする。

突然変異 mutation　現代の遺伝学では，突然変異はゲノムのDNAの塩基配列の変化であり，これは次世代に受け継がれる。ほとんどの変異は有害だが，時に個体の生き残りを助けることがある。

内包性 intensionality　自己意識と他者の心の状態に関する意識を表現するのに用いられる用語。一次の内包性は自己意識である（「私は知っている」）。二次の内包性は，他者が自己意識をもっている可能性を意識していることをいう（「私はあなたが知っていると思っている」）。三次の内包性は，他者があなたが考えていることに気づいている可能性を意識していることをいう（「私は私が知っているのをあなたが知っていると思う」）。

嚢胞性繊維症 cystic fibrosis　ある欠陥対立遺伝子の対をもっている人に起こる病気。ひとつだけをもっている人は保因者である。この病気では，肺の中に粘液が過剰に分泌される。

配偶子 gamete　性細胞のこと。ヒトの身体のほとんどの細胞とは異なり，

配偶子は一対の染色体の一方しかもたない。卵子と精子も配偶子である。

排卵 ovulation　オスの精子による受精の前段階として，メスの卵胞から卵子が放出されること。

パラダイム paradigm　世界を理解する独自の方法を形成する，一貫したひとまとまりの概念や理論。進化心理学は，ひとつのパラダイムとみなせる。

ヒト科 Hominids　現生人類（ホモ・サピエンス）と人類の祖先（初期人類）。

表現型 phenotype　遺伝子と環境の影響の両方によって形成される個体の特徴。

複婚（制） polygamy　一方の性の個体が複数の異性の個体と性的関係をもつ配偶システム。同時に多くの配偶相手がいる場合もあるし，継時的に配偶相手が変わる場合もある。

不正直な信号 dishonest signal　配偶の可能性のある相手によい印象を与える，あるいは競争相手を競争から降りさせるようにはたらく，発信者の質を偽って宣伝する信号。

分類学（法） taxonomy　生物を分類する理論と方法。

保因者 carrier　ある条件（通常は病気や障害）の欠陥遺伝子（つまり特殊な対立遺伝子）をもっているが，その症状が現われない人。

包括適応度 inclusive fitness　血縁者において，現在またはその後の世代に受け継がれる遺伝子の数によって測られる個体の適応度。適応度を参照。

マキャヴェリ的知能 Machiavellian intelligence　社会的な状況において，自分の利益が得られるようにするための知能。霊長類において知能が発達したひとつの要因は，個体がだましやあざむき，そして同盟を併用しながら，ほかの個体を操作する必要性であったと考えられている。

免疫系 immune system　身体を病気に抵抗できるようにする，複雑で多様なシステム。

目《もく》 order　科の上で，綱《こう》の下の分類単位。ヒトは霊長目に属す。

目的論 teleology　自然には目的があって，出来事は意図された結果として生じるという信念。

「優良遺伝子」説 ‘good genes’ theory　性淘汰の説明において，ゲノムの潜在的適応度にもとづいて配偶相手を選ぶとする仮説。

幼児殺し infanticide　生後まもない幼児を繁殖上の理由から意図的に殺すこと。